Hey Gabi

wenn schon ans Bett gefesselt, hoffe ich, daß Du genauso amüsante Beobachtungen von der Bettkante aus machen kannst, und so Dein Aufenthalt im Krankenhaus verkürzweilt wird.

Viel Spaß beim Lesen

[illegible]

Paula Almqvist

Du hast's gut

Paula Almqvist

Du hast's gut

Beobachtungen von der Sofakante

Gustav Lübbe Verlag

Inhalt

Nur zehn Minuten täglich

Das Lebensferne am gesunden Leben und die Rechenfehler bei guten Ratschlägen

Seilhüpfen, nur zehn Minuten täglich, predigt Professor Jumper in dieser Lebenshilfe-Sendung im Fernsehen, ist so gut wie eine Stunde Joggen und verlängert das Leben um durchschnittlich viereinhalb Monate.

Nur zehn Minuten Atemgymnastik am offenen Fenster, und Ihre Schlafstörungen sind wie weggeblasen, schwört sein Kollege Dr. Odem von der Konkurrenz.

Nur zehn Minuten täglich der kleine Aufwand, sein Müsli in der Körnermühle selber zu schroten – doch welch ein Genuß! schwärmt der berühmte Alt-Gourmet Wolfgang Riebeck. Und daß frischgepreßter Orangensaft dem Zeug aus dem Supermarkt haushoch überlegen ist, versteht sich von selbst. Dauert auch nur zehn Minuten – na, sagen wir, zwölf.

Höchstens zehn Minuten täglich dauert es nach Meinung der Stadtreinigung, ein ökologisch guter Mensch zu sein: Das bißchen Zeit, dessen es bedarf, um die schmierige Plastikverpackung vom Räucherlachs und von der Leberwurst auszuwaschen (beide als umweltfreundlich mit dem grünen Punkt gekennzeichnet), um all die Joghurtbecher eines heißen Sommertages vorgespült in die richtige Mülltüte zu werfen … also, das bißchen Extra-Zeit muß man unserem Planeten zuliebe schon haben. Vergelt's Gott und das Duale System. Apropos Joghurt: Ernährungsbewußte Menschen gären ihre Milch sowieso selbst in kleinen Glasbehältern, vom Brotbacken gar nicht zu reden. Kommt umgerechnet ehrlich auch nur auf zehn Minuten täglich – es ist also keine Entschuldigung, wenn gewisse faule berufstätige Frauen meinen, solche Tätigkeiten seien ein Luxus für Damen, die ihr Einkommen vom Ehemann beziehen.

Es gibt das lächerliche Vorurteil, daß Frauen nicht rechnen können. Irgendwas scheint da womöglich dran zu sein, befürchte ich manchmal, denn besonders Frauenzeitschriften tun sich in dieser ganz besonderen Schummelarithmetik hervor – so als hätte der Tag 42 Stunden: blitzschnell bildschön im Handumdrehen. Nur mal eben hundert Bürstenstriche fürs Haar und zehn Minuten Bürstenmassage fürs Hinterteil. Dazu nur je zehn Minuten Maniküre, Pediküre, Kopfstand, plus drei Minuten Zähneputzen

Staub-Konzert für Kreissäge, Flex und Ramme

Handwerker, die begehrtesten Männer des Jahres

Andreas ruft aus dem Büro an bei Marion, die sich extra einen halben Tag frei genommen hat: »Ist er gekommen?« Zwischen bang und erwartungsfroh schwankt seine Stimme. Er ahnt die Enttäuschung und hofft wider einschlägige Erfahrung auf die Ausnahme von der Regel.

Nein, es handelt sich hier nicht um Marions Eisprung, nicht um den Geldbriefträger, nicht um den sehnlichst erwarteten Antwortbrief auf ein Bewerbungsschreiben. Andreas' Nachfrage gilt dem versprochenen Eintreffen des Klempners Berthold Bieber. Der natürlich wieder nicht gekommen ist. They never come back.

Eines Tages kommt er dann tatsächlich, nach vielen in Geduld ertragenen telefonischen Ausreden des Meisters. Zwar nicht um vierzehn Uhr, wie abgemacht, sondern schon um elf, und es ist ein glücklicher Umstand, daß Marion zufällig daheim ist. Freudige Aufgeregtheit bemächtigt sich ihrer. Die selbstbewußtesten Frauen (die ihrem Chef einen feministischen Furorblick zuwerfen würden, sollte dieser sie ums Kaffeekochen bitten) mutieren zur lächelnden Stewardeß und drängen dem Klempner erst mal ein Täßchen auf: »Mit Zucker oder ohne? Sahne oder Milch?«

Nachdem der Klempner ausgetrunken hat und auch die angebotene Zigarette nicht verschmähte, geht er ans Werk. Es beginnt stets mit einem verächtlichen Schnauben und einem mitleidigen Blick auf den dusseligen Kunden. Denn grundsätzlich ist alles, was Berthold Bieber nicht selber installiert hat, granatenmäßiger Pfusch.

Läßt es sich nicht wegdiskutieren, daß Klempner Bieber höchstpersönlich das jetzt defekte Warmwassergerät mit der supertollen Elektronik des nächsten Jahrtausends installiert hat, dann wird er eine andere Strategie wählen. »Der ist ja uralt!« jubelt er beim Anblick des Typenschildes. »Am besten weg damit!« Noch bevor er die Malaisen des Gerätes geschildert bekam, geschweige denn untersuchte. Uralt heißt in Handwerkerkreisen alles, was man vor drei Jahren für viel Geld zum Einbau empfahl. Denn nichts nervt einen guten deutschen Handwerker, diesen Menschenschlag mit grobem Schuhwerk, welches überall Spuren von Mörtel, Ziegelstaub und Schäferhundscheiße hinterläßt, nichts nervt einen Meister und gestandenen Gesellen mehr, als mit seinem eigenen Pfusch konfrontiert zu werden. In solchen Fällen ist der Schuldige dann der Hersteller des jeweiligen Teils.

Also beim Kundendienst der Gerätefirma anrufen. Dort läuft entweder ein Tonband mit der Durchsage, daß das Telefon außerhalb obskurer Bürozeiten nicht besetzt sei, oder es ist bereits besetzt. Das ewig besetzte Telefon soll im gutgläubigen Kunden wahrscheinlich die Illusion erzeugen, die dort nähmen sich für jeden Beschwerdeführer richtig viel Zeit. Ein Kinderglaube, wie einem jeder jobbende Student erzählen kann, der mal in der Service-Abteilung eines großen Unternehmens sein Urlaubsgeld verdient hat. Tatsächlich hat dort immer grad wer Geburtstag oder seinen Führerschein gekriegt oder wiedergekriegt – es gibt jedenfalls viele Gründe zum Feiern bei Kaffee und Kuchen und beiseite gelegten Telefonhörern. Wo nicht das ordinäre Besetztzeichen tönt, erklingt die sympathische Stimme einer Frau, die unter einer schweren Störung leiden muß. Anders ist es nicht zu erklären, daß sie Stunde um Stunde den gleichen Text herunterbetet: »Bitte warten Sie … Bitte haben Sie noch etwas Geduld … Bitte warten Sie … Bitte haben Sie …«

Das sagt sie so lange, bis dem Anrufer mit der Beschwerde klar wird, daß er vielleicht doch billiger davonkommt, wenn er einfach ein neues Gerät kauft, anstatt durch Ferngesprächsgebühren zur teuersten

Zeit dies mauschelige Joint-venture mit der Telekom zu unterstützen.

Aber womöglich nimmt nach zwanzig Minuten ein sauertöpfisches Wesen den Hörer ab und verspricht Hausbesuch von »unserem Herrn Meyer« am Mittwoch in vierzehn Tagen. Um wieviel Uhr, bitte? Diese Frage gilt als Dreistigkeit, denn man hat froh zu sein, wenn überhaupt einer kommt.

Herr Meyer ist dann genau vierzehn Minuten in der Wohnung, sechs Minuten für Kaffee und Zigarette mitgerechnet, und baut ein Ersatzteil für schlappe 13,80 Mark ein. Die Rechnung beläuft sich auf 204,20 Mark.

Marion und Andreas glauben zunächst an einen Irrtum: Selbst bei großzügigster Bemessung der Tricks mit der Anfahrt und den »angebrochenen Stunden« grenzt dies an Wegelagerei; schließlich ist Monteur Meyer ja nicht aus fernen Bundesländern angereist, sondern wohnt fast um die Ecke. »Rüstzeit« heißt das neue Schlagwort zum Geldverdienen, und es meint, daß zwischen Anruf und Behebung des Schadens eine Art gebührenpflichtige Gehirnschmalz-Berechnung stattfindet: Muß Monteur Meyer einen Hammer mitnehmen? Einen Lötkolben? Seinen Grips, Gips oder die Gebrauchsanweisung?

Der Handwerker im Haus muß als Mangelware und damit als Kostbarkeit betrachtet werden. Manchmal ruft einen der Firmenchef an und erklärt, daß Franz Meyer ein famoser Geselle ist, aber nur, wenn er morgens um sechs anfangen darf – denn mittags um drei ist er gewöhnlich schon breit. Und wir kennen den begabten Tischler Theo, der seinerseits vor Mittag nicht aus dem Bett kommt. Der Bauherr jedenfalls wird gleichermaßen geplagt durch die Early Birds wie durch die Künstler, die erst im Mondschein zur Form auflaufen.

»Tschuldigung« – und schon stehen sie im Morgengrauen oder kurz vor Mitternacht neben dem Ehebett, weil sie mal kurz was an der Heizung machen müssen.

Wenn Männer zuviel leiden

Über den häuslichen GAU, sprich den kranken Mann

Die Vorhänge sind zugezogen, das Telefon ist ausgestöpselt, die Flurklingel durch ein Tempotaschentuch unterm Klöppel gedämpft und der Wellensittich ruhiggestellt mittels einer über den Käfig geworfenen Decke. Was geht vor im Hause Hildebrand? Der Mann ist krank. Die Kinder schleppen in Staffette Eisbeutel und Heizkissen, kalte Wadenwickel und heiße Honigmilch, die Frau des Hauses geht auf Strumpfsocken und Zehenspitzen. Herr Hildebrand will nur noch sterben, so krank ist er. Was heißt krank? Schwerkrank, todkrank, in den Fängen der Pein. Mit anderen Worten: Er hat Schnupfen und erhöhte Temperatur. Eine solch billige Diagnose freilich läßt den Schmerzensmann mit dem Kissen überm Kopf hochfahren und Protest krächzen: Von wegen fieberhafter Erkältung! Einen grippalen Infekt hat er, einen tückischen Virus, dazu Migräne, vielleicht auch Masern, Mumps, Malaria, wer weiß, was noch kommt, und wenn er erst im Spital mit dem Tode ringt, wird es der Familie schon noch leid tun, ihn so respektlos als Allerwelts-Vergrippten abgetan zu haben.

Unser Mann leidet, aber er tut dies heroisch. Er verbietet seinen Lieben so streng, wie man das röchelnd hinkriegen kann, einen Arzt zu rufen. Er ist doch keine Memme! Mit ein bißchen Kooperation seitens der Familie wird diese Blutvergiftung, dieser drohende Wundstarrkrampf (Frau Hildebrand nennt es heimlich bei sich einen Insektenstich) allmählich auch zu heilen sein. Und ein bißchen Rücksichtnahme ist doch wohl nicht zu viel verlangt... Erstaunlich übrigens, wie so ein Schwerkranker losbrüllen kann, falls ein trällerndes Kind versehentlich die Tür ins Schloß fallen läßt oder zu laut Radio hört.

Der tyrannische Kranke ist nicht zu verwechseln mit dem eingebildeten Kranken. Der Hypochonder hat nichts und trotzdem Angst und liebt es, Ärzte aufzusuchen – und sei es auch nur, um sie hinterher als Nichtskönner zu bezeichnen, weil sie bei ihm keine aparten Leiden diagnostizieren wollen. Der kranke Mann wie deiner und meiner hingegen hat ein reales Wehwehchen, welches er zu einem GAU hochstilisiert und sich aus gutem Grund medizinischen Beistand verbittet. Will er etwa aus berufenem Munde hören, daß seine Lebensmittelvergiftung mit Salmonellen-Ruhr bloß ein verdorbener Magen ist? Sein dramatischer Bandscheibenvorfall nur ein hundsordinärer Hexenschuß? Die Lungenentzündung an der Schwelle zur Tuberkulose nichts weiter als ein bißchen Raucherhusten? Nein, das will unser Mann nicht hören, denn womöglich werfen sie ihn dann aus der aufopfernden häuslichen Pflegeversicherung.

Er mißt nicht die Temperatur, weil er sich und seiner Umwelt lieber einredet, mindestens 40 Grad hoch zu fiebern statt nur die schlappen 37,9, die das Thermometer anzeigt. Und wenn sich der schniefende Naturbursche mit Händen und Füßen wehrt, eine erprobte Arznei einzunehmen, dann steckt hinter diesem Spartanertum vielleicht nur das Wissen, daß die Pillen sich nicht mit Alkohol vertragen. Wo doch manche Grippe erst durch Grog so richtig schön wird.

Nicht alle leidenden Männer bleiben übrigens mit ihrer Krankheit diskret zu Hause. Manche, besonders Singles und solche mit berufstätigen Frauen und respektlosen Teenager-Kindern, breiten ihr Martyrium lieber im Büro aus, wo das Publikum größer und dankbarer ist für die ausführlichen Schilderungen der Höllenpein, welche Weisheitszahn oder Gerstenkorn verursachen. Im Büro leiden manche lieber leise, ganz auf ihr geschmerztes Mienenspiel vertrauend und einen sparsam eingesetzten Seufzer. Andere erzwingen die gebührende

Anteilnahme mal hustend, mal humpelnd, mal niesend, mal in Gips. Sich und die Kollegen mit saurem Aufstoßen plagend, dabei Vorträge haltend über die verweichlichte Jugend, die so wenig leistungsbereit ist und sich schon wegen eines durchgebrochenen Blinddarms ins Bett legt.

Ode an die Perle

Über ein gewandeltes Berufsbild und den radikal veränderten Umgang mit der Putzfrau

Immer, wenn Maria kommt – theoretisch jeden Donnerstag um acht –, ist Verena schon um sechs Uhr dreißig auf den Beinen, um aufzuräumen und diskret ein bißchen vorzuputzen. Sie kontrolliert die Kloschüsseln, ob da nicht etwa die Kinder wieder mal vergessen haben …, die Waschbecken auf schleimige Zahnpastaspuren, die Dusche auf Haare im Abfluß. So pingelig ist Verena sonst nie, nicht mal, wenn ihre Mutter oder ihre Chefin zu Besuch kommt. Aber mit Maria ist es anders. Maria ist unersetzlich. Maria kommt von den Philippinen (oder aus Portugal, Chile, Polen …), und Verena tut alles, damit sie sich wohl fühlt bei ihr.

Falls Verena berufstätig ist, wird sie ihr für die Zehn-Uhr-Pause einen netten kleinen Imbiß mit dem besten Geschirr hinstellen, damit die Putzfrau nicht denkt, sie werde hier als Mensch zweiter Klasse behandelt, und ihren Darjeeling vorwurfsvoll aus dem Küchenbecher schlürft.

Falls Verena nicht berufstätig ist oder von zu Hause aus einer Tätigkeit nachgeht, ist der Donnerstagmorgen-Alarm (der theoretische, denn oft kommt Maria ja gar nicht oder erst ein, zwei Stunden später wegen dringender Angelegenheiten auf der Ausländerbehörde, und da darf man nicht sauer sein, sondern muß sehr, sehr verständnisvoll reagieren...) nicht minder stressig: Welche moderne, emanzipatorisch-schwesterliche Frau traut sich schon, ihre Putzfrau im Morgenrock zu empfangen, bei weniger als 40 Grad Fieber bettlägerig zu sein oder das Lesen von Büchern und Akten selbstbewußt als gleichwertige Arbeit gegen dröhnendes Staubsaugen und scheppperndes Abwaschen zu setzen?

Das Image der Putzfrau in Deutschland hat sich drastisch geändert, wie schon die vielen verquält liebevollen und wichtigtuerischen Namen beweisen, mit denen in der Zeitung und am Schwarzen Brett nach einer solchen gefahndet wird: Raumpflegerin, Haushaltshilfe, Parkett-Kosmetikerin, Perle... Diese Perlen sind rar, wenn gut – wie Fußballtalente. Und genauso von Abwerbung bedroht. Bloß daß einem die Maria abhanden kommt, weil ihr die Konkurrenz mehr pro Stunde zahlt – ohne daß unsereins in den Genuß einer Ablösesumme gerät.

Es gibt wenige Verhältnisse, die so spannungsgeladen sind wie die zwischen dem Vorstand eines reinigungsbedürftigen Haushalts und der Person, von der erwartet wird, binnen eines Vormittags aus Gammel Glanz zu machen. Da gibt es kolonialistische Herablassung und vorgetäuschte Freundschaft, gönnerhafte Armenspeisung und winselnde Abhängigkeit: Wenn Verena der Mann, der Kater, der Wellensittich abhanden gekommen ist, jammert sie natürlich. Aber bei all diesen Verlustfällen barmt sie nicht so am Boden zerstört um Ersatz wie bei Abgängigkeit ihrer Maria.

Früher, ja früher, zu Zeiten unserer Großmütter, hatte die Zugehfrau ihren Platz ganz unten auf der gesellschaftlichen Leiter. Sie wurde unzimperlich fürs Grobe eingesetzt. Zum Abspänen des Parketts, zum Fensterputzen, zum Wäschekochen im Bottich und anschließend auf die Bleiche tragen. Derlei handfeste Arbeiten machen heutzutage in den meisten Haushaltungen Maschinen oder Spezialisten, zur Not auch mal der Ehemann.

Die moderne Putzfrau hingegen hat eine Tätigkeit, die zumindest bei Berufstätigen eher dem Berufsbild einer Kammerzofe entspricht und vielsagende Einblicke ins Privatleben ihrer Auftraggeber erlaubt: Sie muß mit der Katze zum Tierarzt und auf der Post die lagernde Sendung abholen. Sie soll den Smoking von Franz ausbürsten (und findet in dessen Taschen Belege spannender Feierabendbeschäftigungen) und soll die Lohnsteuerkarte seiner Frau zum Abstempeln bringen.

Maria kann sich, wenn sie will, beim Bettenabziehen ein Bild machen von der Häufigkeit des Geschlechtsverkehrs in diesem Haushalt und beim Saubermachen des Herdes gut schätzen, wie oft die Hausfrau die Küche kalt läßt.

Verenas Freundin, von ihrer Putzfrau verlassen, bringt es auf den Punkt: »'ne Neue suchen ist wie neu heiraten.« Irgendwie schrecklich intim. Und ziemlich aussichtslos, wenn man kein Single ist (der sich schon freut über einen guten Geist, der ihm die verschimmelten Joghurts aus dem Kühlschrank räumt), sondern ins Verhältnis Kinder, Haustiere und gewisse Ansprüche einbringt.

Wohin mit alten Liebesbriefen?

Eine Dokumentenkarriere: Vom rosa Seidenbändchen zum blauen Müllsack

Fast jeder hat sie, aber Frauen bewahren sie häufiger, länger, pfleglicher und heimlicher auf. Die alten Liebesbriefe. Die gestammelten, gereimten, hinreißenden und kläglichen. Als klassische Aufbewahrungsorte für prekäre Liebesbriefe von Vorgängern und/oder Parallel-Beziehungen galten einst das Nähkästchen und der Toilettentisch der Dame. Dieser Brauch hat nicht nur Effie Briest ins Unglück gestürzt, sondern auch unzählige Boulevardstücke inspiriert.

Da die zeitgenössische Liebende sich aufs Flicken und Stopfen nicht mehr versteht – Strumpfhosen, Leggings und seine Dralonsocken widersetzen sich dieser weiblichen Kunst –, besitzt sie gar kein Nähkästchen mehr, sondern höchstens eine alte Seifenschachtel voll unsortierter Knöpfe und Sicherheitsnadeln. Auch der Toilettentisch ist perdu: Moderne Paare haben ein Wohnschlafzimmer und im Bad so durchsichtige Chrom-und-Glas-Geschichten, wo man noch nicht mal die Hühneraugensalbe diskret verbergen kann – geschweige denn einen Packen Liebesbriefe.

Bezeichnenderweise fehlt in der Weltliteratur wie im Schwank das Äquivalent zu den romantischen Aufbewahrungsnöten der Frau: Wo hätte je eine eifersüchtige Frau Briefe ihrer Vorgängerin oder Nebenbuhlerin im Werkzeugkasten des Mannes gefunden?

In unserer Folklore-Tradition wurde der Mann gewöhnlich durch ein fehlfarbenes Haar, einen flüchtigen Lippenstiftabdruck überführt. Wo er heutzutage ja immer sagen kann, in unserer Küßchen-Küßchen-Gesellschaft, das war die achselriechende Nachbarin, die er beim Mieterverein getroffen hat oder beim Kinderfest, wo stille Post gespielt wurde.

Nach wie vor bleibt der Verdacht bestehen, daß Frauen im Gegensatz zu Männern eine Liebe gern schwarz auf weiß und nicht nur im Gedächtnis aufbewahren. Woher sonst all diese Dramen wegen kompromittierender Dokumente, die sich als Lesezeichen im Kochbuch, in der Strumpfschublade, im Handbuch für Computerei anfinden? Männer denken oft, daß sich zur Untreue hier eine ungeheure Schlamperei gesellt.

Aber es liegt doch in der Natur der wahrhaft

feurigen Liebesbriefe, daß sie sich zu ordentlichem Abheften nicht eignen, selbst wenn die Empfängerin zufällig Bilanzbuchhalterin sein sollte. Eine erinnernswerte Liebesbeziehung bringt ja nicht nur DIN-A4-Briefe hervor. Sondern auch Sehnsuchtsschreie auf Bierdeckeln, verwelkte Rosen, denkwürdige S-Bahn-Billetts und Zuckerwürfel, sentimentale Fotos aus dem Automaten. Brunft auf Löschblättern, Theaterprogrammen, Büro-Memos.

Früher mal bekamen Frauen bei Heirat eine Aussteuer mit; Damast und Linnen, gebunden mit rosa Bändchen und berechnet auf Lebenszeit. In den Falten dieser Mitgift ließ sich viel verstecken. Im Zeitalter der Zugewinngemeinschaft und Gleichberechtigung greift der Mann zu oft zum Geschirrtuch, als daß der Wäscheschrank noch ein sicherer Ort für Geheimnisse wäre.

Deswegen sind kostbare Liebesbriefe heutzutage exiliert. Sie wohnen bei der besten Freundin in einer alten Pralinenschachtel. Die Freundin ist Single und emanzipiert; sie läßt nach eingehender Prüfung Männer zwar an ihre Wäsche, aber noch lang nicht an ihre Bettwäsche und Schränke. (Emanzipierte Ehefrauen eignen sich nicht, da deren Mann beim Stöbern nach einem sauberen Badehandtuch Schriftsätze mit der Anrede »Herzgeliebte – Dein lockiges Dreieck …« in den falschen Hals kriegen könnte.)

Frauen, die keinen Büroschreibtisch und keine

sentimentalen Komplizinnen haben, sehen als Ausweg zur Entsorgung ihrer erotischen Altlasten dennoch nicht immer gleich den Reißwolf vor sich. Eine unrepräsentative Umfrage unter Frauen meines Vertrauens ergab eine verblüffende Vorliebe für den ordinären blauen Müllsack: Der ist resistent gegen Feuchtigkeit, Nagetiere und familiäre Schnüffler und kann unauffällig zwischen anderem Gerümpel in Boden- und Kellerräumen herumliegen. Nur im Falle eines Umzugs müsse man aufpassen; das sei der einzige Moment, wo Männer von einer plötzlichen Aufräumwut befallen werden könnten.

Von einer Bekannten bekam ich den Tip mit der Tiefkühltruhe: Liebesbriefe in der Tupperware-Dose, gefrostet und etikettiert als Katzenfutter.

Zum Nachtisch muß ein Promi her

Die Erlebnisgastronomie und ihre privaten Folgen

Wie bitte, Sie trauen sich noch, einfach eine Party zu geben?

Einen Krug Erdbeerbowle auf den Tisch zu stellen und ein paar Brezeln oder Schmalzbrote? Na, Sie müssen aber anspruchslose Freunde haben. Beneidenswert. Andererseits, aber das sage ich Elvira natürlich nicht ins Gesicht, das sage ich nur hinter ihrem Rücken: Die kennt wahrscheinlich nur Leute, die kein anderer einlädt.

In meinem sozialen Umfeld, das muß ich mit aller Bescheidenheit sagen, sind die Menschen etwas niveauvoller.

Verwöhnt durch Erlebnis-Gastronomie.

Ein Fondue-Essen ohne Feuerschlucker, ein Thai-Essen, ohne daß dazu eine russische Pianistin Schubert spielt, ein brasilianisches Bohnenessen ohne Tischfeuerwerk und Radschläge – das lockt doch keinen Hund mehr hinterm Ofen hervor, geschweige denn unsere lieben Freunde.

Es beginnt schon bei der Einladung. Wochenenden sind mega-out; Menschen von Stand sind da auf ihren Landsitzen. Nur mit einem leidvollen Seufzer akzeptieren sie gnädig eine Freitags- oder Samstagseinladung zum Geburtstag. Sodann kommt die eigentlich unverschämte Frage, wer denn noch geladen sei.

Deine Schwester und deine beste Freundin kennen sie ja schon; sie jibbern nach Promis und originellen Figuren.

Hier, Gastgeber, liegt deine Chance: Munkle etwas von der Exfrau des Kultursenators, die jetzt diese aparten Töpfereien macht. Deute an, daß der jetzt in Schottland Dudelsack studierende oder auf Tierarzt umsattelnde Deutschbanker wahrscheinlich vorbeischaut. Das zieht.

Gut, du hast nun eine ausreichende Menge lauwarmer Zusagen im Sack. Freu dich aber nicht zu früh: Karin wird in letzter Minute anrufen und sagen, ihr LAG (Lebensabschnittsgefährte) müsse dringend nach London. Claudia und Rainer können den einzig möglichen Babysitter für ihren zwölfjährigen Sohn nicht kriegen. Sibylles Katze hat ernstzunehmende Verdauungsstörungen. Bei Amelia hat sich endlich der vielversprechende Partnerschaftsinserent aus der »Zeit« gemeldet, und den will sie erst mal unter vier Augen testen.

Trotzdem willst du ja was kochen für die Gäste, die an diesem Tag wie durch ein Wunder nicht verhindert sind durch Streß, Depression, Nachtkonferenzen, wichtige Vernissagen & Premieren oder verlockendere Einladungen bei anderen Leuten.

Also: was kochen? Was bieten? Deine Gäste sind zwar gertenschlank, aber überfressen und belesen. Sie wollen bei dir was essen, was weder dick macht noch krank, was originell ist und zugleich bodenständig. Aber Linsensuppe bläht und Kaviar-Blinis wirken neureich. Sushi hatten sie erst vorgestern bei Kröger-Millimann; außerdem kommt die Sache horrend teuer. Carpaccio essen sie ständig als Spesen-Lunch, und jetzt mit dem Rinderwahnsinn ... nein danke. Feine Leute sind auch häufig Vegetarier, aber wegen Salmonellengefahr mußt du wohl auf deine göttlich pochierten Eier mit Basilikumcreme verzichten.

Und hoffentlich hast du nicht vergessen, den lateinamerikanischen Bandoneonspieler zu bestellen und die Handlinienleserin ...

Ich ertappe mich manchmal bei dem Gedanken, daß die als spießig belächelte Gastgeberei unserer Eltern (Nudelsalat und Tomatenpilze, russische Eier und Ölsardinen, dazu Rudi Schuricke »Wenn bei Capri die rote Sonne im Meer versinkt« vom Plattenteller des hochglanzpolierten Loewe-Opta mit dem magisch grün glimmenden Auge) unanstrengender, unaufgeregter war. Und die Gäste dankbarer. Zum Schluß ein Eierlikörchen (das Eigelb pflegte beim Makronenbacken abzufallen und wurde mit Puderzucker und Apotheker-Alkohol angemischt) oder ein Eckes Edelkirsch, und alle waren glücklich.

Oma und später Mutter hatten als Ventil für ihr Gesellschaftsbedürfnis außerdem ihre Kränzchenschwestern und den Kaffeeklatsch. Zogen sich ihre beste Seidenbluse über und hieben einmal wöchentlich in der besten Konditorei des Ortes mit der Kuchengabel in die Buttercreme und mit geschickten Worten auf die abwesenden Damen. Dies gesellschaftliche Reinigungs-Ritual können die asketischen Nachfolge-Institutionen wie Sauna-Gang, Fitneßgruppen, Stammtische leitender Frauen nur sehr unvollkommen ersetzen.

Der Transit-Teenager, ein anstrengendes Wesen

Wie ich wider Willen zur Jugendherbergsmutter wurde

Es steht in meinem Arbeitsvertrag wie bei allen guten Firmen festgeschrieben, daß ich meinem Brotherrn, und ihm ausschließlich, mit meiner ganzen Arbeitskraft zur Verfügung zu stehen habe. Ein Punkt, in dem ich regelmäßig vertragsbrüchig werde.

Denn ich habe, wie viele Frauen in attraktiven Großstädten, notgedrungen einen Nebenjob. Einen Nebenjob, der mich vor allem in den Sommer-, Herbst- und Winterferien der deutschen Schulen (und Kenner wissen: Durch die Entzerrung der Ferientermine in den Bundesländern zugunsten Tempo 200 auf den Autobahnen kommt da leicht ein halbes Jahr zusammen) erheblich mehr beschäftigt als die schlappen 38 Stündchen Tarifarbeitszeit, die ich meinem Arbeitgeber schulde.

Nein, danke für die diskrete Nachfrage, aber mit dem Finanzamt habe ich wegen dieser heimlichen

Turnschuh-Spur mit rabenschwarzem Profil auf allen hellen Böden.

Gemeinsam ist den T.T.'s beider Geschlechter ein völlig anderes Kulturverständnis als unsereinem. Wir haben für die jungen Leute den Stadtplan herausgelegt und die besten Museen, Denkmäler markiert. Wir finden ihn wieder (zerfleddert) mit roten Tintenkreuzen an den abgefucktesten Kreuzungen, wo sich Secondhand-Gruften befinden, in denen man die Levy 501 schon für fünfzig Mark kriegt, wenn man die Löcher mitkauft.

Der T.T. hat Hunger und das immer. Jedoch lassen ihn unsere Bemühungen um die landestypische Küche kalt. Lieber will er was auf die Kralle. Bares, um es gegen Pommes u.ä. einzutauschen.

Im Kinderzimmer ein Basislager von Isomatten, Isodrinks, Musikkassetten, Haarfönen, von Socken, die nach Camembert riechen, und Pullovern, die nach nassem Schäferhund müffeln, garniert mit tropfenden Sonnenölflaschen und Akne-Pads.

Irgendwann sind sie wieder weg, unsere besten Badelaken auch; geblieben ist eine stattliche Telefonrechnung. Wir schreiben flehentliche Briefe um Rückgabe unseres Hausschlüssels und senden Einschreiben mit liegengelassenen Zahnspangen. Und übermorgen kommen die nächsten.

»Das kann ich leider nicht«

Wie man mit seinen Unzulänglichkeiten gewinnbringend kokettieren kann

Früher einmal, das weiß ich aus Büchern und Erzählungen älterer Herrschaften, früher einmal waren die Deutschen ganz anders.

Preußisch pünktlich, zäh wie Kruppstahl, akkurat wie Millimeterpapier. Hart im Nehmen, pflichtversessen und geradezu widerlich effizient. Betraten ein italienisches Hotelzimmer, in dem seit Jahren der Wasserhahn tropfte, zogen ihr Kombi-Taschenmesser hervor und sagten: »Das haben wir gleich.« Trugen fremden Greisinnen die schweren Taschen zum Bahnsteig, erduldeten die schlimmsten Strapazen und zitierten dabei Nietzsche: »Was mich nicht umbringt, macht mich stärker.«

Falls es derartige Deutsche noch gibt, machen sie um mich und meinen Bekanntenkreis einen weiten Bogen. Die Leute, die ich kenne, sind in puncto teutonische Tugenden samt und sonders bekennende Softies. Das wäre vielleicht sogar zu begrüßen, wenn sie darüber nicht ins andere Extrem verfallen wären und sich mit ihren geistig-moralisch-körperlichen Mängeln geradezu brüsteten ...

Es gibt nämlich einen ganzen Katalog negativer Eigenschaften, mit denen es sich prächtig leben läßt: Vielen Leuten macht es gar nichts aus, für schusselig oder snobistisch, unpünktlich oder vergeßlich gehalten zu werden. Richtig eingesetzt, verhilft einem das Etikett »kann nicht mit Geld umgehen« oder »ist ein hoffnungsloser technischer Idiot« sogar zu Vorteilen: Niemand verlangt von einem, daß man den Kassenwart des Tennisclubs machen soll oder seiner Frau den Staubsauger repariert. Der Vorwurf, unsportlich zu sein und zwei linke Hände zu haben, erspart einem manchen Freundschaftsdienst wie Rasenmähen, wenn Nachbars verreist sind, und alles, wozu man eine Leiter braucht. Beim anstehenden Schulfest wird niemand von Beatrix verlangen, sie solle einen Kuchen backen, denn ihr Ruf als miserable Köchin ist solide. Da Reinhold als grauenvoller Autofahrer gilt, will niemand nach Partys von ihm heimgefahren werden. Das ist bequem und praktisch, und infolgedessen kokettieren immer mehr Zeitgenossen laut und inständig mit ihren Schwächen. Irene gilt als schreibfaul, launisch und als Morgenmuffel und nutzt jede Gelegenheit zur entsprechenden Negativ-Propaganda über sich selbst. Denn einerseits sind diese Geständnisse unter einer gewissen Tresensonne schick – und in eher biederen Milieus verschaffen sie dem Menschen, der so hart von seinen Fehlern spricht, beinahe die Nachsicht, die man einem Behinderten zollt. Er kann halt nix dafür. Es ist wahrscheinlich angeboren. Man vergißt, sich zu fragen, wieso eigentlich Schlurigkeit und mangelnde Selbstdisziplin von manchen Menschen spazierengeführt werden wie ein Geburtsschaden, während andere die Unbequemlichkeit auf sich nehmen, an ihren Macken zu arbeiten. Weil sie sich eingestehen, wie nahe gewisse Charakterschwächen und krasser Egoismus zusammenliegen.

Es gibt Leute, die können ihre Unfähigkeit so lieb darstellen, daß man sie so sanft behandelt wie einen Amputierten. Nein, Monika kann das Kind/die Katze/die bettlägerige Großmutter ihrer besten Freundin kein einziges Wochenende lang betreuen, sie ist viel zu nervös für so was; sie würde sonst wahrscheinlich die ganze Nacht lang wachliegen und sich Sorgen machen. Nein, Gernot kann nicht die Post reinholen und die Blumen gießen, während ihr in Urlaub seid; er täte es selbstverständlich, aber er ist für so was ungeeignet und hat zum Beweis schon dreimal den Schlüssel der Leute verloren, die ein solches Ansinnen an ihn stellten. Ja, Jens würde zu gern beim Umzug helfen, aber er muß an sein Ellbogengelenk denken. Aber claro würde Dietlinde für dich meilenweit zur Notdienst-Apotheke fahren, wenn da nicht der schwerwiegende kleine Hinderungsgrund wäre, daß sie nun mal partout keine Stadtpläne lesen kann. Und Rita bezeichnet sich selber mit fröhlicher Miene als »hoffnungslosen Fall«, wenn jemand meint, sie könne doch zur Abwechslung auch mal den Kaffee aufsetzen.

Sogar mit der Nachrede »Du weißt doch, wie geizig er ist…« können Schlaumeier gut leben. Es spart nämlich viel Geld. Die Freunde haben es längst aufgegeben, Bertram auch nur anzugucken, wenn der Kellner mit der Rechnung kommt.

Das Hätscheln von negativen Eigenschaften, die man zwar nicht in Zeugnissen über sich lesen wollte, die aber im Privatleben ganz klar Vorteile bieten – diese Mode steht im Zenit. Bloß: Wir brauchen sie ja nicht mitzumachen.

Elternabend

Der anstrengendste Termin des Jahres

Jahrelang dachte ich, das lästigste am Kinderhaben seien die Kindergeburtstage; diese jugendfreien Orgien aus Fast food, falschen Geschenken, Gebrüll, Originalitätsdruck, Elternschweiß und Sprößlingstränen.

Jetzt, wo die Kinder größer sind, weiß ich, daß es Schlimmeres gibt. Die Elternabende in den weiterführenden Schulen nämlich. Das schönste wäre nicht hingehen, doch das könnte dem Kind soziale Standortnachteile bringen. Also wird bei freundschaftlich miteinander verkehrenden Elternpaaren darum gewürfelt, wer diesmal dran ist. Der Verlierer bereitet sich durch Info-Sammlung vor auf den nervigsten Termin im Kalender. »Sag mal, wie alt ist denn deine Klassenlehrerin?« – »Oooch, die ist sehr alt, mindestens fünfzig!«

Es stellt sich heraus, daß Frau Felix knapp über dreißig ist, und das bestätigt bedauerlicherweise die

Lehrerthese, daß Eltern über das Weltbild ihrer Kinder wenig wissen.

Der Elternabend naht, es gibt kein Entrinnen. Nun sitzen wir auf viel zu kleinem Gestühl wie Schneewittchen bei den sieben Zwergen. Dies scheint bei vielen normalerweise erwachsenen Menschen gewisse Regressionserscheinungen hervorzurufen und jede Menge kindischer Fragen.

Elternabend ist soziologischer Zoo. Die ideale Rednerplattform für ansonsten unpolitische Klein-, Mittel- und Großbürger, die zum Wohle ihres Kindes heute abend mal das bildungspolitische Wort ergreifen. Vater H. muß jetzt im Oktober schon mal dringend wissen, wieviel Taschengeld den Kindern mitzugeben sei für die Klassenfahrt im nächsten Juli. Mutter B. macht die Schule verantwortlich für die mangelnden Schwimmkünste ihres Sohnes Julian: Im Hallenbad herrsche nicht die versprochene Wassertemperatur von 28 Grad. Sie hat es selbst nachgemessen – es sind bloß 26 Grad. Frau M. pflichtet bei und klagt obendrein, daß ihre Tochter in Französisch nur deshalb so schlecht dastünde, weil die Gratis-Schulbücher so eselsohrig seien, daß ihre sensible Tochter sie nur mit Widerwillen anfasse.

Doktor D. – »Ich bin schließlich Arzt« – findet es unerhört, daß mittwochs in der 5. und 6. Stunde Englisch unterrichtet wird. Wo doch sein eigentlich hochbegabter Sohn um diese Uhrzeit immer seinen physiologisch bedingten Leistungsabfall hat. Nicos

Vater – wir wissen von unserer Tochter zur Genüge, daß Nico der konkurrenzlose Wichtigtuer der Klasse ist – illustriert das alte Sprichwort, wonach der Apfel nicht weit vom Stamme fällt. Denn Herr P. paradierte mit Bluthochdruck im Gesicht schon zwanzig Minuten vor Elternabendbeginn durch die graffitigezierten Gymnasiumsflure, machte sich Notizen über den unhygienischen Zustand der Schultoiletten, stocherte im Papierkorb nach Indizien für schlaffe Schulführung und hat eine Liste mit diesbezüglich bohrenden Fragen mitgebracht.

Herr Z. dagegen muß dauernd von seiner Sitznachbarin N. geknufft werden, damit er nicht einschläft. »Sag doch auch mal was!« Herr Z. ist der gemeinsam sorgerechtliche Vater von Oliver. Besuchsrecht am Wochenende wahrscheinlich wieder perdu, wenn er hier nicht eine energische Figur macht.

Die steil erhobenen Augenbrauen der Klassenlehrerin deuten auf eine gewisse Vorgeschichte, als sich das Ehepaar S. zu Wort meldet. Herr und Frau S. sind nämlich selber Lehrer – freilich an einer anderen Schule. Dort ist alles so viel besser, daß kein Mensch versteht, warum sie ihre kostbare Clarissa nicht dort eingeschult haben.

Je mehr Elternabende man mitgemacht hat, je mehr Papi-&-Mami-Profilierungsreden man sich anhören mußte, desto inniger ergreift einen Erbarmen mit den Lehrern und der Rekordanzahl ihrer Anträge auf Frühpensionierung.

»Du hast's gut ...«

Eine moderne Spielart der vierten Todsünde: der Emotionalneid

Hoffart und alttestamentarischer Zorn sind im Zeitalter psychologisch geschulter Vorgesetzter und Politiker ziemlich aus der Mode. An Völlerei hindert uns der Schlankheitswahn, an Wollust die HIV-Angst. Dem geizigen Geldsack hat der liebe Gott das Finanzamt vorgeschaltet, und Trägheit des Herzens ist so verbreitet, daß sie nicht weiter auffällt.

So richtig grassiert im zwanzigsten Jahrhundert nur die vierte Todsünde. Es begann mit Freud, der an der Hälfte der Menschheit Penisneid diagnostizierte. Sexualneid ist es, wenn die übrige Hälfte die Frau des Nachbarn attraktiver findet als die eigene. Und wer hat nicht schon mal unter Futterneid gelitten? Sieht das Essen auf dem Teller des Tischpartners im Lokal nicht fast immer besser aus als das, was man sich selbst bestellt hat? Auch Konkurrenzneid braucht man heutzutage keinem zu buchstabieren, und Sozialneid ist seit Jahren eine Lieblingsvokabel von rechten Meinungsmachern.

Die allerneueste Spielart des Neides schielt nicht nach Geld: Emotionalneid ist eher die umgekehrte Form des Sozialneides. »Du hast's gut«, jammert Sylvie, PR-Frau mit 150 000-Mark-Jahresgehalt, ihrer arbeitslosen Schwester vor, »du hast's gut: Kannst dich heute abend gemütlich im Nachthemd mit Mann und Katze vor dem Fernseher räkeln, während ich mich in mein hautenges neues Kostüm schmeißen muß und zu dieser Premierenfeier ...«

»Sie haben's gut«, seufzt der Vorgesetzte, während er großzügig die Bitte des Buchhalters Arnold für einen Tag Extra-Urlaub wegen Goldener Hochzeit der Eltern genehmigt. Der Chef will seine alte Mutter im Heim ja auch schon lange mal wieder besuchen: Aber leider, leider kommt ja immer was dazwischen – jetzt zum Beispiel wieder diese Scheiß-Tagung in Tokio ...

»Weißt du, manchmal beneide ich meine portugiesische Putzfrau«, klagt Regine, aufstrebende Staranwältin. »Nun gut, Maria steht um fünf Uhr auf und muß sich bei mir ordentlich ranhalten. Aber um zwei, verstehst du, ist sie fix und fertig, hat sich den Kopf nicht zerbrochen und geht heim zu ihren vier Kindern.«

»So wie du arbeitest, möchte ich mal Urlaub machen«, scherzt der millionenschwere Trikotagenfabrikant gegenüber seinem Schulfreund, einem schuldengeplagten Journalisten. »Muß schön sein, so spät aufzustehen und nur schreiben, was einem Spaß macht.« Ach, er beneidet ihn! So ganz inkognito mit einem jungen Mädel nachts um zwei in der Paris-Bar sitzen und ein bißchen knutschen ... da gäb' er was dafür. Aber bei seiner Prominenz ist so was leider nicht mehr drin.

Jahrelang hat die Lehrerin Sabine ihre Kollegin Sigrid mal laut, mal leise spüren lassen, daß sie deren Verbandelung mit dem Kunstschmied Kuno für unter Niveau hält. Jetzt, wo Sabine Schulrätin geworden ist und ihr Mann Chefarzt, kommt der Text: »Du hast's gut! Du hast wenigstens jemanden, bei dem du dich abends aussprechen kannst.« Vorsichtig darauf hingewiesen, daß sich weder der Kunstschmied noch die pubertierenden Kinder sonderlich für Schulpolitik interessieren, sondern mehr für Heavy Metal und Pferde, ändert sich das Argument wieselflink: »Du hast's gut! Hast wenigstens abends jemanden, der dich ablenkt!«

Emotionalneid ist eine Form der Mißgunst, die anderen ihre Beziehungsfähigkeit übelnimmt, auch wenn der Neid sich als herablassende Bewunderung tarnt. Würde der Neidhammel bloß nie so sehen. Für ihn ist nur sein hart erkämpfter Platz an der Sonne daran schuld, daß seine eigene Zwischenmenschlichkeitsbilanz so schäbig ist.

Im Kokon des Luxus

Von Sofa-Kartoffeln, Trutzburglern und Hi-Fi-Isolierten

Selma und Götz-Friedrich sind eins dieser modischen Paare zwischen dreißig (sie, beinahe noch) und vierzig (er, beinahe schon), ohne Kinder, Katzen und Figurprobleme, ohne Laster und miefige Sorgen wie Geldmangel, Krankheit, pflegebedürftige Eltern oder Arbeitslosigkeit. Nie hat man sie streiten, tratschen oder jammern hören. Sie sind weder politisch noch religiös, weder protzig noch alternativ angehaucht. Selma und Götz-Friedrich sind nett anzusehen, erfolgreich im Beruf, und selbst der Neid muß ihnen lassen, daß sie Geschmack haben. Träte dies fleckenlose Pärchen in einem Spielfilm auf, wäre garantiert so ein vermuffter, vergrübelter Feuilletonkritiker zur Stelle, der behaupten würde, Selma und Götz-Friedrich seien keine Menschen aus Fleisch und Blut, keine Figuren, die einem Drehbuchschreiber einfallen, sondern höchstens einem Designer: eine Kreuzung aus charakterlicher Stromlinie und Funktionalität, elegant und nicht anstößig, anspruchsvoll, aber pflegeleicht …

Nach Designer-Jeans und Designer-Stühlen, nach Designer-Drogen und Designer-Food, nach entsprechenden Frisuren, Hunden, Cocktails, Urlaubszielen war es nur noch eine Frage der Zeit, bis der Designer-Mensch auftauchte. Ich meine nicht den, der diesen Beruf mehr oder weniger gut ausübt. Ich meine den rundum gestylten, gestutzten, glatten Typen, der wie ein preisgekrönter Teekessel auch immer sozusagen mattpoliert in der richtigen Umgebung im richtigen Licht glänzt, das richtige Buch gelesen hat, Scampi von Shrimps und Langostinos unterscheiden kann und den neuesten Kultregisseur aus Indien akzentfrei aussprechen.

Selma und Götz-Friedrich können all dies und noch mehr.

Interessant ist freilich, daß sie anders als ihre verpönten Vorgänger, die Yuppies, ziemlich leisetreterisch sind. Hart arbeiten und hart feiern? Nicht doch Selma und Götz-Friedrich. Sie sind sich selbst genug, erklären sie jedem, der es hören will. Sie bleiben neuerdings am liebsten zu Hause, im Beruf ist's schließlich anstrengend genug mit den vielen hochinteressanten Geschäftsfreunden. Und mal ehrlich: Wo findet man schon ein gepflegteres Ambiente als bei Selma und Götz-Friedrich? Selten benutzt, doch zweimal wöchentlich auf Stäubchen kontrolliert von der fabelhaften portugiesischen Putzfrau… Wenn Selma und Götz-Friedrich ein amerikanisches Vorbild haben (häufig, ohne es zu wissen), dann ist es die »couch potatoe«, die großstädtische Sofa-Kartoffel. Der Mensch, der mitten in der Szene von Manhattan oder Berlin residiert mit dem triumphalen Gefühl, an der richtigen Adresse zu sitzen und, ätsch, trotzdem nicht hinzugehen.

Weil ihm das brüllende Nachtleben eigentlich viel zu anstrengend und unappetitlich ist.

Wozu in die Kneipe gehen, wenn man auch den Expreß-Chinesen anrufen kann oder den Pizza-Service? Wozu in den Sportverein, wo doch im Schlafzimmer der persönlich programmierbare Hometrainer steht? Wozu ins Konzert, wenn sich im Wohnzimmer die edelsten Sound-Bausteine türmen, die Kenner beeindrucken würden, lüde man sie ein? Wozu den Freund im Vorort besuchen, wenn man ihm das überfällige Buch auch per Kurier schicken kann und das, was es zu sagen gibt, am Telefon erledigen kann? Wozu ins Kino, wo man seit Weihnachten '89 diesen fabelhaften Videorekorder hat? Wozu Leute einladen, die – wie man selber – sowieso die meiste Zeit auf Diät sind und die Designer-Teller nur schmutzig machen?

Als sie noch zehn, zwölf Jahre jünger waren, haben Selma und Götz-Friedrich nicht schlecht gespottet über die Generation ihrer Eltern und älteren Geschwister und deren Rückzug ins Private. Deren

Häusle-Bauerei im Vorort und die daraus resultierenden Sparmaßnahmen wie Verzicht auf Ausgehen und Reisen... nein, wie erzspießig! Selma und Götz-Friedrich fühlten sich da mächtig erhaben und urban. Sind folgerichtig in der Stadt geblieben. Haben ausgebauten Dachboden gekauft. War auch nicht billig. Schauen jetzt aufs pulsierende City-Leben, schön schallgedämpft von oben. Haben ein Schatzkästlein daraus gemacht, das jetzt nicht schmutzig werden soll. Haben Designer-Sofas, Designer-Gläser, Designer-Teppiche, doch fast niemals Gäste. Es ist einfach zu anstrengend, sie aus der chromblitzenden Profi-Küche heraus zu bewirten. Und irgendwie würde es ja blöd wirken, nicht wahr, wenn man die Vorzüge des extrabreiten Luxus-Backofens erklärt und dann nur Take-away-food vom Türken serviert oder mikrowelliertes TK-Futter.

Der Edelspießer macht so was natürlich nicht ohne ein smartes neues Wort: Cocooning heißt es in Amerika. Sich einigeln, einspinnen in Luxuswatte. Höchstens mal zum Telefonhörer greifen und Cocktails, Kondome oder die Frühstücksbrötchen vom Kurierdienst ordern...

Der Unterunteruntermieter

Wohnraumbeschaffung in smarten Kreisen

Nichts fürchtet Karin mehr, als daß Uwe wiederkommt.

Nichts beunruhigt Uwe mehr als Gerüchte, wonach Veronika und Fritz sich trennen wollen.

Veronika wiederum hofft insgeheim, daß Fritz nach New York versetzt wird.

Wer diese Zeilen für wirres Geschwafel hält, darf sich glücklich preisen. Weniger Glückliche verstehen nämlich sofort, worum es geht: um eine aparte Variante der großstädtischen Wohnungsnot.

Klartext gefällig? Also, es ist so: Karin hat endlich ein erschwingliches Einzimmer-Appartement in guter Lage gefunden. Das von Uwe nämlich, der es nie gekündigt hat, obwohl es ihm längst zu klein war. Wer kündigt denn heutzutage noch ein billiges Appartement in Uninähe? Höchstens Trottel. So was ist eine Goldgrube, und man braucht es dazu keineswegs zu besitzen – wasserdichter Mietvertrag genügt.

Uwe selber konnte sich kürzlich verbessern in die ersehnte schnuckelige Zwei-Zimmer-Altbauwohnung mit Balkon nach Süden. Die Wohnung von Veronika. Die vor einem Jahr aus Gründen der Liebe oder so ähnlich mit Fritz zusammengezogen ist. Aber so verknallt ist heutzutage keine kluge Frau, daß sie nicht schon das Ende der Flitterwochen einkalkuliert und darum ihre Wohnung nicht aufgibt, sondern lieber an Freunde vermietet. Ohne Vertrag, versteht sich – so daß die bei Bedarf über Nacht rauszukriegen sind. Veronikas Befürchtungen haben nicht getrogen: In Fritzens Loft wuchs der Wohnwert schneller als die Zuneigung, weswegen Veronika jetzt sehnlichst spekuliert, daß Fritz den Auslandsjob bekommt und sie als Statthalterin in der Wohnung beläßt ... Das wäre die einmalig elegante Gelegenheit, sich mit Christoph zusammenzutun. Mit dem hat Veronika zwar bereits seit längerem ein kleines Verhältnis laufen – was Fritz nicht wissen durfte, denn in der Anfangszeit ihrer Beziehung war die Liebe (nicht nur zur Immobilie) immerhin so heiß, daß wechselseitig mit Auszug und Rausschmiß gedroht wurde. Das ist ja nun vorbei.

Jedenfalls: Bekäme Fritz den Posten in New York, würde er natürlich den Teufel tun, sein schniekes Hamburger Dachgeschoß zu kündigen. Weiß man denn, ob die Yankees ihn nach ein, zwei Jahren nicht wieder vor die Tür setzen? Und so ein Loft kriegt er dann nie wieder – jedenfalls nicht zu der moderaten Miete. Eine erkaltete Liebschaft wie Veronika erschiene ihm ganz sicher als Platzhalterin vertrauenswürdiger als ein Maklerbüro.

Das einzig Unangenehme, was jetzt noch passieren kann, wäre, daß sich Fritz in letzter Minute in ein Mädel verliebt, das bei ihm einziehen will... Dann müßte Veronika zurück in ihre Wohnung und der Uwe daraufhin die Karin vertreiben, die ihrerseits zurückkriechen würde in die alte WG und dabei den Jörg verscheuchen müßte. Wie bei der spektakulären Kettenreaktion mit den umstürzenden Domino-Steinen genügt in gewissen Kreisen ein kleiner Anstoß, eine berufliche Versetzung oder eine Entliebung, um ein Umzugs-Karussell in Gang zu setzen.

Es ist kein Lumpen-Proletariat, sondern eher ein Champagner-Proletariat, was in solchen Fällen entwurzelt wird. Es geht schließlich alles unter Freunden zu – keiner hat einen gültigen Mietvertrag, alle profitieren nur von Vitamin B wie Beziehung.

Ein guter Mietvertrag ist heute etwas Kostbares, das gibt man nicht aus der Hand. Eher findet sich ein neuer Job, eine neue Liebe als noch mal so eine Traumwohnung für 900 Mark. Das wissen alle und spielen mit, und nur den Hausbesitzer muß man im dunkeln lassen. Aber Vermieter-Prellen gilt hierzulande als honoriges Hobby.

Alle anderen wissen, daß man ganz leicht die

doppelte Miete verlangen kann von Freunden, und die küssen einem auch noch die Füße dafür. Denn der Vermieter, diese als Monster zurechtgeredete Person oder Institution – also der würde doch bestimmt glatt das Vierfache nehmen! Das abstrakte Gespenst des Vermieters hat inzwischen einer ganzen Sippschaft von Turnschuhlern und Unterschrift-Kartellern zu nettem, unversteuertem Taschengeld verholfen.

Ob das nicht auffliegt? Nein, so was kann gar nicht auffliegen. Unsere Gesetzgebung verbietet unangemeldete Kontrollvisiten des Vermieters. Der kann zwar tausend richtige Verdächte haben, aber wenn er artig angemeldet kommt, wird er niemals Beweise dafür sammeln können, daß Alice hier schon lange nicht mehr wohnt, sondern heimlich untervermietet hat an ihren Kollegen Fred, der wiederum an seine Exfrau … und die an den früheren Verlobten ihrer Tochter.

Mutter hat einen Freund ...

... und die erwachsenen Kinder haben Herzklopfen

Wir hatten zunächst ihren Hausarzt in Verdacht. Ob der Doktor unserer Mutter womöglich ein besonders zündendes Mittel gegen Depressionen verschrieben hatte?

Mutter fährt nun schon seit -zig Jahren regelmäßig zur Kur nach Bad Kissingen. Seit Vaters Tod vor fünf Jahren erreichen uns von dort gewöhnlich nur Hiobsbotschaften. Das Wetter ist schlecht, die Küche miserabel, das Personal zänkisch, die Matratze unerträglich, die Schmerzen im Knie sind eher schlimmer geworden, und mit der mitgereisten Freundin hat sie sich leider verstritten – was selbstverständlich deren Schuld war. Ja, Mutter. Wie schade, Mutter. Bist ja bald wieder zu Hause, Mutter.

Und nun das: Durch Herrn Kachelmann wissen wir ganz genau, daß es in Bad Kissingen seit Wochen Bindfäden regnet. Doch Mutter ist aufgekratzt wie nie und schwärmt von der vertrauten Landschaft, als sähe sie sie zum ersten Mal. Am liebsten bliebe sie noch vier Wochen. Das Essen ist heuer deliziös und die Kapelle im Tanzcafé wirklich schmissig.

Tanzcafé?

Mutter im Tanzcafé?

Wir haben uns nicht verhört.

Mutter liefert ihre Geständnisse stückweise: Fritz ist ein charmanter Herr, ebenfalls Witwer. Fritz ist ein bißchen beleibt – aber er hat ihr versprochen abzunehmen. Fritz kann im Moment nur prothesenfreundliches Essen zu sich nehmen, aber das wird der Zahnarzt in den nächsten Wochen richten. Fritz ist leider auch zwei Zentimeter kleiner, aber was macht das schon bei einem so begnadeten Walzertänzer? Fritz hat's nicht am Knie, sondern am Herzen. Und Mutters Knie ist erstmals beschwerdefrei.

Noch ohne ihn besichtigt zu haben, wünschen wir Fritz das ewige Leben.

Denn zunächst scheinen sich all die Fragen, die in den besten Familien vorkommen, auf wundersame Weise gelöst zu haben: Wer nimmt Mutter zu Ostern, reist zu ihrem Geburtstag an, bringt sie auf andere Gedanken, bucht ihr einen Herbsturlaub, interessiert sich für ihre Rückenschmerzen? Fritz, wollen wir mal hoffen.

Unsere Freunde sind neidisch. Monika und Gisbert müssen auf ihre lang geplante Trekkingtour durch Nepal verzichten, nachdem ihnen die Schwägerin unmißverständlich klargemacht hat, daß sie heuer dran seien, die Mutter unter ihren Weihnachtsbaum zu setzen.

Doch nun wird es ernst. Fritz naht nächste Woche in Person, Mutter möchte ihn der Familie vorstellen.

Merkwürdig flau wird uns da im Magen.

Was tun, wenn wir ihn als Kotzbrocken und unserer Mutter unwürdig empfinden? Ihn als professionellen Heiratsschwindler oder semiprofessionellen Witwentröster verdächtigen? Seine Sprüche, Manieren, politischen Ansichten uns auf die Nerven gehen? »Was machst du«, fragt mich ein guter Freund, »wenn er im besten Sonntagsanzug deines verstorbenen Vaters vor der Tür steht?« Ihm selber sei das passiert, und er habe feig' natürlich nichts gesagt, bloß übelgenommen.

Wenn die Schwester oder Freundin einen unbekömmlichen neuen Freund hat – ja, das ist doch was ganz anderes. Der kann einen Ring durch die Nase und schwarze Ränder unter den Fingernägeln haben; großflächig tätowiert und fünfmal geschieden sein, so abgebrannt, abgefuckt und abgefahren sein, wie er will; wir wissen insgeheim: Das geht erfahrungsgemäß auch schnell wieder vorbei.

Bei den ersten (Tochter) und den letzten Lieben (Mutter) dagegen springen wir aufgeklärten bürgerlichen Erziehungsberechtigten an wie ein scharfer Schäferhund: Keiner soll diesen verletzlichen Seelen was zuleide tun.

Übrigens: Morgen kommt Fritz. Drücken Sie mir bitte die Daumen, daß ich mich gut benehme.

Wenn Yuppies in die Jahre kommen…

… heißen sie Grumpies und werden genauso heiß umworben

Grumpies sind Yuppies, die nicht länger jung sind, dafür aber meist noch etwas zahlungskräftiger als schon vor zehn Jahren.

So rücksichtsvoll, wie Marketing-Fachleute mit der Kuh umgehen, die sie melken wollen, ist aus den ergrauenden »Young urban professionals« weder ein Ouppie (mit O wie »old«) noch ein Muppie (M wie mittelalterlich) geworden, sondern ein Grumpie. (Kommt von »grown-up« wie erwachsen und »mature« wie reif.)

Die Kaufkraft der Grumpies erklärt sich nicht nur durch eigenes Ranklotzen am Arbeitsplatz, sondern hat auch biologische Gründe: Die heute Vierzig- bis Fünfzigjährigen sind die Erben der Wirtschaftswunder-Väter, dieser Generation, die gerade auf natürlichem Wege ausstirbt und nicht selten behaglich gefüllte Sparkonten hinterläßt.

Grumpies sind ehemalige Golf-Cabrio- und BMW-

Fahrer, die jetzt reihenweise auf den Volvo-Kombi umsteigen. Zum einen, weil sich kurz vor dem biologischen Torschluß doch noch Nachwuchs eingestellt hat. Zum anderen schätzt man, in die Jahre gekommen, nicht nur Safer Sex, sondern auch sonstige Verkehrssicherheit über alles.

Grumpies sind Leute, die noch vor wenigen Jahren die Nase rümpften über die Alternativ-Realos in ihren versifften Turnschuhen – aber jetzt, wo sich das Fußgewölbe altersbedingt senkt zu Platt- und Spreizfuß, entdecken sie die Behaglichkeit solcher Treter, und der 300-DM-Turnschuhmarkt frohlockt über diese nicht immer nur finanziell gut gepolsterte Klientel.

Oder nehmen wir die Sache mit den Jeans. Aus den traditionsreichen Hersteller-Häusern wird gemunkelt, daß man stillschweigend die Schnitte ein wenig erweitert hat – es freut den Grumpie halt, sich einzubilden, daß er noch die gleiche Hüftweite hat wie 1968.

Wie es ein ebenso erfolgreicher wie zynischer amerikanischer Verkaufspsychologe formulierte: »Der Schlüssel zum Geschäft mit den Grumpies ist's, sich einzuschärfen, daß sie selbst sich noch für jung halten – auch entgegen allem Augenschein.«

Dieser Knick in der Optik beim Blick in den Spiegel ist die Ursache für ein weiteres Millionengeschäft; Grumpie sei Dank, murmeln die Optiker zum Klingeln der Kassen. Bestseller sind nämlich die teuren Bifocalbrillen, denen man das Bifocale nicht mehr ansieht.

Brilletragen ist okay, ist sogar modisch – schließlich waren auch Popgötter wie John Lennon oder Elton John von Jugend an kurzsichtig. Aber Weitsichtigkeit ist ein ebenso verräterisches Zeichen fürs wahre Alter eines Grumpies wie zum Beispiel sichtbare Pockenimpfnarben und soll darum verborgen werden.

Der Grumpie-Markt bietet nichts Neues unter der Sonne, bietet die gleichen Hilfsmittel gegen schwere Beine und sich verflüchtigende Taillen – nur viel, viel diskreter. Statt so brutal wahre Vokabeln wie Stützstrümpfe und Mieder zu verwenden, setzt die Grumpie-Bekleidungsbranche auf die Zauberwörtlein »Lycra«, »Stretch« und »Body«, wo es gilt, das Fleisch straff im Zaume zu halten.

Ganz selbstverständlich und mit einem Schuß Selbstironie altern – das ist Grumpies Sache nicht. Zwar war auch die Generation unserer Mütter und Großmütter nicht gerade begeistert von den ersten grauen Haaren und färbte kräftig nach – aber sie hatte nicht den verbissenen Ehrgeiz, in die Jeans der Tochter zu passen, und Papa hätte auch nicht den Parka des Sohnes ausgeliehen, um zur Demo zu gehen. Erwachsene hatten früher eine Mode für sich – Faltenröcke, solide Anzüge, ehrbare Kostüme, dunkelblaue Zweireiher, die ihnen die Teenager-Brut im Traume nicht aus dem Schrank entführt hätten. Man konnte diese Mode belächeln, aber rückblickend haben ältliche Eltern etwas Würdigeres an sich als die neumodischen Grumpies mit ihrer Altersneurose. Denn der Grumpie ist ein Mensch, der sich wie dreißig fühlt und meint, auch noch dafür gehalten zu werden. Zumindest bei Kerzenschein.

Psychodrama Bettenkauf

Über die gestiegenen Ansprüche der Deutschen an ihr intimstes Möbel

In der Bundesrepublik hatten wir die Freßwelle und den Sitzlandschaftsfimmel, die hektische Hi-Fi-Anschaffung und den allgemeinen Bäder-Marmorierungs-Trip. Es folgte die kollektive Küchenrenovierungs-Neurose, die grassierende Grünpflanzensucht, und schließlich wurden sämtliche strampelfähigen Familienmitglieder mit Mountainbikes und Mikrofaserjacken ausgestattet.

Nun endlich macht Schöner Wohnen & Besser Leben nicht mehr an der Schlafzimmertür halt. Das Trumm von Hochschrank wurde verheizt oder der Heilsarmee vermacht, die Bettvorleger eingerollt, und jetzt wird nach dem ultimativen Bett gefahndet. Federkern oder Futon? Latex oder Roßhaar? Sprungfeder mit Schaffell oder Seegras mit Baumwolle? Und was, Sie haben noch keine Matratze mit Sommer- und Winterseite? Noch keinen schichtverleimten Lattenrost? Noch kein Noppen-Nackenkissen? Können Kopf und Füße noch nicht hydraulisch heben? Und was nützt Sie Ihr Federkern, wenn es nicht mindestens ein Taschenfederkern ist? Wie sollen wir Ihre Allgemeinbildung einschätzen, wenn Sie nicht wissen, daß die Dux-Matratze für die Liegenden so was ist wie der Rolls-Royce für die Fahrenden?

Der Besuch in einem neuzeitlichen Bettenstudio (so heißt jetzt, was bis vor kurzem als Daunen-Düwer oder Müllers Matratzen-Discount firmierte) ersetzt einen mittelprächtigen Fernsehfilm. Er ist vor allem soziologischen Spannern und Voyeuren anzuraten. Die Verkäuferin – pardon: Kundenberaterin – sitzt auf der Latexgeschäumten mit ladylike überschlagenen Beinen wie eine TV-Moderatorin. Statt Mikrofon hält sie ein Querschnittsmodell der Luxusmatratze Liegosan in der Hand und berichtet über die Greuelszenarien in der gemeinen deutschen Liegestatt. Von Hausstaub und Milben, Schnarchen, Schweiß und Bakterien, Bandscheibenvorfällen und Verspannungen ist die Rede. All diese Unerfreulichkeiten sind schlagartig zu beseitigen, indem man die richtige Matratze kauft. Die wird – flugs wird der Taschenrechner hervorgeholt – mit allem Drum und Dran, mit Beinen und Schonbezügen, mindestens 6000 Mark kosten. Das beratungswillige Pärchen schaut sich erschrocken an. Darauf ist die Matratzen-Moderatorin aus Erfahrung gefaßt und schwenkt jetzt um zum strengen Predigerton: Für ein Auto würde das Pärchen so was doch locker springen lassen – wieso dann dieser unsinnliche deutsche Geiz beim Intimsten? Und falls das Pärchen ein wenig jenseits allnächtlicher Sprungfederbeanspruchung wirkt, kommt die unschlagbare Quizfrage, ob man denn überhaupt wisse, wie viele Jahre seines Lebens der Mensch im Bett verbringe. Und wenn das immer noch nichts nützt, setzt die Bettenberaterin gnadenlos nach und erklärt der mittelalterlichen Kundschaft, daß dies – rein statistisch – das letzte Bett ist, was sie teilen werden.

Kurz und gut: Unser Paar verläßt das Bettenstudio um viele tausend Mark und einige Geheimnisse ärmer. Sie haben der Betten-Tante zwecks optimaler Beratung ihr unterschiedliches Lebendgewicht genannt und offen über Rücken-, Bauch- und Seitenlage gesprochen, über schlafloses Wälzen und nächtliches Schwitzen.

Es grenzt an ein Wunder, daß es weltweit Menschen gibt, die das vierzigste Lebensjahr überschreiten, ohne an den Rollstuhl gefesselt oder wegen permanenter Schlaflosigkeit in einer Nervenklinik gelandet zu sein. Es grenzt an ein Wunder, daß das Gros der Menschheit auf Tatami-Matten, Kaufhausbetten, gestampften Lehmböden, Hängematten, Feldbetten, Besuchersofas, Designermöbeln nächtigt und dennoch des aufrechten Ganges fähig ist.

Neuerdings Nichtraucher

Ein Blick zurück ohne Zorn auf Opfer und Täter

Manchmal ist es schmeichelhaft, manchmal eher beleidigend, daß die meisten Leute glauben, alles, worüber ein Kolumnist schreibt, sei diesem selber widerfahren.

Dabei ist es doch meistens so, wie's Marcel Proust einst erklärte: Als man den jahrelang bettlägerigen Dichter fragte, woher er all die Geheimnisse des Pariser Gesellschaftslebens kenne, antwortete er: »Ich lebe von der Intelligenz meiner Freunde.«

Aber heute erzähle ich Ihnen etwas am eigenen Leib Erlebtes. Die Wahrheit übers Nichtrauchen nämlich. Nein, falsch, es muß heißen: die Wahrheit übers Aufhören zu rauchen. Ein Thema, das schon Mark Twain beschäftigt und zu dem Bonmot veranlaßt hat: »Es gibt nichts Leichteres, als mit dem Rauchen aufzuhören. Ich selber habe es schon hundertsiebenunddreißigmal geschafft.«

Bei mir ist es vergangenen Sommer unter Wut, Schweiß und Tränen das erste und hoffentlich letzte Mal gewesen.

Bevor man Nichtraucher wird, passiert man gewöhnlich die Lebenslage des Rauchers mit schlechtem Gewissen. Da raucht man Zigaretten nur noch halb und brüstet sich mit Glimmstengeln, die nur 0,1-Werte haben. Dafür raucht man dann natürlich ein bißchen mehr. Drum achtet der komplexbeladene Raucher zwangsneurotisch darauf, daß in seinem Aschenbecher nie mehr als zwei Kippen dümpeln. Und freut sich, bei anderen Leuten überquellende Ascher zu entdecken, weil das sein Gewissen entlastet: Er ist ja nur ein kleines Raucherlein gegen diese Groß- und Kettenraucher.

Wer ganz mit dem Rauchen aufhört, erlebt was. Ich werde hier niemanden langweilen mit der Aufzählung gesundheitlicher Vorteile. Aber der Neu-Nichtraucher macht auch eine spannende soziologische Erfahrung: Es ist, als würde aus einem Rep über Nacht ein Sozi oder aus einem Hausbesetzer von heut auf morgen ein Bulle. Mit dem Entschluß, das Rauchen aufzugeben, wird man in ein anderes ideologisches Lager gezerrt – das war nicht immer so, das ist erst neuerdings so, seit sich Raucher und Nichtraucher zunehmend unversöhnlich begegnen. Ich war und bin nun beides: Täter und Opfer. Zwanzig Jahre lang hat das Kleingedruckte »Rauchen kann Ihre Gesundheit gefährden« auf mich den gleichen Eindruck gemacht wie die Ermahnung zum Schuheputzen auf meinen vierzehnjährigen Sohn. Inzwischen werde ich selber manchmal von Abscheu gebeutelt, wenn ein Mann, ein Raum oder auch nur meine Klamotten nach einer durchfeierten Nacht penetrant nach Rauch riechen. Trotzdem habe ich eine gewisse Sympathie für die Täter behalten und finde das Gezeter der moralinsauren Nichtraucher nicht nur spießig, sondern sogar kontraproduktiv. Der missionarische Nichtraucher kommt in zwei Varianten vor: als gelernter und als geborener Nichtraucher. Der eine ist der Ex-Kettenraucher, der seine nikotinmäßige Saulus-Paulus-Wende zum Anlaß nimmt zu Gesundpredigten nach dem Motto: Es ist selten zu früh und nie zu spät… Durch Verzicht ist er zum Prinzipienreiter geworden: Er bringt anderen Leuten auf Wunsch aus dem Duty-free-Shop zwar die dollsten Leberhaken wie Whisky und Wodka mit, doch grundsätzlich keine Zigaretten.

Der andere ist der hypochondrische Passivraucher, der nie in seinem Leben, noch nicht mal als Dreizehnjähriger in der Jugendherberge, einen Zug aus deiner Zigarette genommen hat. Dieser Mensch beschäftigt Betriebsräte, Schlichtungsstellen, selbst Gerichte, um gegen die Raucher zu Felde zu ziehen. Er steigt nur in Nichtraucher-Taxis und schlägt im Hotel Krach, wenn kein Nichtraucherzimmer frei ist. Er annonciert nach der Frau fürs Leben kostensparend in Kürzeln und findet die Tatsache, daß er NR ist, nämlich Nichtraucher, so veröffentlichenswert wie seinen Doktortitel. Und selbstverständlich hört für so einen toleranten Mittvierziger, der das intelligente Vollweib sucht, die Toleranz schlagartig auf, falls Vollweib raucht. Der ständig hüstelnde hypochondrische Raucherfeind ist der Mensch, der es unwissentlich verhindert, daß sich andere das Rauchen abgewöhnen: Lieber an Lungenkrebs sterben, als soooo werden wie der!

Der rote Zippel

Oder warum die Sollbruchstelle nie dort bricht, wo sie soll

Die *eine* Wette, auf die wir Konsumenten vergeblich lauern, an diese wirklich spannende Wette traut sich Thomas Gottschalk nun schon seit Jahren nicht ran. Ich stelle mir vor, ein Mensch betritt die Bühne mit einem Warenkorb. Da sind Waschpulver drin und Büchsenbier, Ölsardinen, Schmelzkäseecken und Milchtüten, Mayonnaisetuben, Erdnußflips und Konserven aller Art. Der Kandidat stellt sich hin und sagt: »Wetten, daß ich all diese Produkte in weniger als einer Stunde sauber nach Gebrauchsanweisung öffnen kann, ohne mich zu besudeln oder zu verletzen?«

»Nie im Leben«, wird das Publikum röhren, falls es auch nur im entferntesten Kontakt mit dem täglichen Leben hat. Dagegenhalten könnte allenfalls ein verhätschelter Promi, dem Ehefrau und/oder Privatsekretär selbst im Flugzeug das Ketchupbeutelchen öffnen, so daß er nicht selber seinen Seidenschlips bespritzt. Ein Mensch, der nie vor der Aufgabe stand, ein ganz gemeines Schraubdeckelglas öffnen zu müssen, kann nicht mitreden. Die Gurken sperren sich gegen ihren Verzehr, und drei Berater stehen drum herum: »Unter heißes Wasser halten«, das stand in der Brigitte! – »Quatsch, man muß mit einer Münze unter den geriffelten Rand fahren!« – »Ihr habt von Physik alle keine Ahnung, man muß das Glas nur über Kopf mal kräftig auf den Küchentisch hauen.« Hier hilft letztendlich der brachiale Dosenöffner, doch damit ist der Deckel futsch.

Wehe aber, man möchte einer Mayo-Tube ans Eingemachte. Es gibt da zwei Grundmodelle: Typ A verlangt energisches Zudrehen des Schraubhütchens, damit das Jungfernhäutchen aus Alu penetriert wird. Pech gehabt, wenn man statt dessen Tubenwaren vom Typ B in den Händen hält: Hier ist es erforderlich, das Schraubhütchen mit eingebautem Dorn umgekehrt aufzuschrauben. Übersieht man diese Finesse, schraubt und walkt und drückt man so lange am Tomatenmark herum, bis der Inhalt blutrot aus den Nähten spritzt.

Trockenwaren pflegen meist in Cellophan mit einem roten Zippel daherzukommen. An diesem Zippel soll man ziehen, um sauber in den Genuß des Inhalts zu gelangen. Das mach mal im dunklen Kino – ich kenne nur Leute, denen an der spannendsten Stelle des Films eine Eruption von Gummibärchen oder Lakritz in den Schoß rieselt.

Es geht mir eigentlich nicht der Ruf einer linkshändigen Frau voran, aber wann immer ich eine Cornflakes- oder Crackerschachtel mit der Einladung »Hier drücken« öffnen will, verliert mein Daumennagel, und das Produkt bleibt versiegelt. Die heißeste Nummer ist jedoch die Sardinendose mit dem Schraubschlüssel – besonders wenn, wie so oft, der Nippel abgerissen ist. Es müßte ein Gesetz geben, daß Sardinen nur mit Daumenpflaster ausgeliefert werden dürfen.

Mein zweitliebstes Haßobjekt sind die kleinen Milch- und Limo-Packs, die Kinder so lieben: Mit dem angespitzten Strohhalm die markierte Öffnungsstelle zu treffen ist theoretisch leicht, in der Praxis aber so wahrscheinlich wie ein Sechser im Lotto. Denn die Sollbruchstelle liegt fast immer leicht daneben.

Überhaupt lassen sich die beeindruckendsten Sauereien mit Portionspackungen herstellen. Wer nie seinen Kaffee mit einem Spritzer Kondensmilch vom Nachbarn im Auge trank, wer nie eine Bockwurst mit Senfspuren auf dem neuen Blazer bezahlte, wer nie das geheimnisvollste aller Rätsel zu lösen versuchte, nämlich wie eine Schmelzkäse-Ecke vorschriftsmäßig zu entwickeln sei – der hat noch nicht modern gelebt.

Ein Löffel voll Marmelade, Senf, Sojasauce,

Ketchup … so wie er in Zügen, Kantinen, Raststätten, 2b-Lokalen dargeboten wird, soll sich der Gast erst mal als Drachentöter beweisen: den Kampf gegen die Verpackungsindustrie aufnehmen. Warum sieben einsame Erdnüsse, ein mutterseelenalleiniger Keks, ein Fingerhut voll Salatsauce in einem Keuschheitsgürtel aus undurchdringlichem Plastik daherkommen – Hygienevorschriften mögen es ja sein. Doch wer erfindet sie? Etwa die gleiche Behörde, die uns ansonsten mahnt, wir sollten unseren Müll reduzieren?

Was trage ich im Garten?

Ein Klamotten-Wegweiser fürs Grüne

In Zeitschriften und im wahren Leben begegnet man bisweilen Frauen, die sich zum Gang in den Garten verkleiden wie die Allegorie des Frühlings auf einem kitschigen Jugendstil-Gemälde: Breitrandiger Strohhut, der unterm Kinn mit Seidenbändern gehalten wird. In der linken Hand ein schön geflochtener Korb, in der rechten eine Gartenschere. Im Korb liegen verblühte Rosen. Weitergehende Gartenkenntnisse traut man solchen Damen eigentlich auch nicht zu. Denn das geschmackvoll geblümte Kleid mit dem weit schwingenden Rock aus zartem Voile bleibt garantiert an jedem Strauch hängen. Und die bloßen Beine in bebänderten Sandalen haben das Fräulein allenfalls durch einen botanischen Garten mit geteerten Wegen getragen, nicht aber durch die Realität eines privaten Parks oder auch bloß einer Parzelle, wo Disteln, Brennesseln, Brombeeren, Herkules-Stauden sowie Schnaken, Zecken, Mücken, Blutegel mit einem gewaltigen Appetit auf nackte Damenbeine warten.

Gegensatz und zugleich Pendant zur allegorischen Gärtnerin und ihrer Verwandten, dem barfüßigen Strandhäschen in Shorts und ärmellosem Top, ist der Mann mit dem Ausrüstungsfimmel. Der ist nicht imstande, auch nur eine einzige Quecke auszureißen oder schnell einen samentragenden Löwenzahn zu köpfen, ohne sich erst in Kluft geschmissen zu haben: Erst muß er seine Gartenhose anziehen und sein atmungsaktives Hemd, und die Socken fürs Grobe und den Hut nicht zu vergessen, der ihn je nach Wetterbericht vor Sonnenstich, Ozonloch oder leichten Schauern schützen soll. Schließlich muß er seine Gartenschuhe anziehen, die soliden Treter mit rutschfester Profilsohle und metallverstärkter Kappe, damit seinen Hühneraugen nichts passiert, wenn er mit dem Spaten aus Versehen auf die eigenen Zehen …

Wahren Gartenfreaks verdächtig sind aber auch Menschen, die stets Ton-in-Ton gekleidet in ihren Plantagen werkeln: Sommers tragen sie untadelige Khaki-Hosen und frisch gebügelte Leinenhemden passend zur Weizenreife, im Winter sind sie als irische Landgutbesitzer verkleidet, mit dicken Tweedhosen, gezopften Pullovern und Schirmmützen. Im Herbst, abgestimmt auf die Laubfärbung, treffen wir sie in rostroten Cordhosen und passenden

Kaschmirpullovern. Das sind erfahrungsgemäß Leute, die in ihrem Garten dekorativ zu stehen und gehen wissen und dabei Vorträge halten über die Anlage von Komposthaufen, kalten Kästen und Hügelbeeten. Ein Blick auf ihre manikürten Fingernägel zeigt: In Wahrheit haben sie den krummen Rücken in Lohnarbeit vergeben und schmücken sich mit fremden Federn …

Nein, der glaubwürdige Liebhaber seines Gartens sieht ganz anders aus. Er trägt verbeulte Hosen, deren Gesäß- und Kniepartie vom ewigen Bücken und Krauchen zeugen. Aus der Hosentasche quillt ein riesiges Taschentuch in gedeckten Farben, mit dem der Stirnschweiß getrocknet werden kann. Mode? Schick? Nebbich!

Viele äußerst geschmackvolle und nicht arme Gartenbesitzer haben noch nie ein Care-Paket nach Polen geschickt, und auch die Caritas-Altkleidersammlung muß ohne ihre Spenden auskommen. Denn was immer der Gartler aus seinem Kleiderschrank verbannt – die unsägliche Schlotterhose, den Pullover mit tausend Wüllern überm Bauch, das Hemd mit den durchgescheuerten Kragenecken –, »für den Garten geht es eigentlich noch«.

Viele leidenschaftliche Gärtner zucken zwar nicht mit der Wimper, um für eine klitzekleine Blumenzwiebel oder ein Gramm Saat einer raren Pflanze richtig Geld hinzublättern – doch für sich selber legen sie eine Genügsamkeit an den Tag, die schon zum Geiz hin mendelt. Allerdings ist es auch schwer, das Richtige zu finden. Für fast alle Passionen – ob Joggen oder Jagen, ob Angeln oder Radeln, ob Golfen oder Surfen – gibt es heutzutage einen gewissen Kleidungs-Kodex und Spezialboutiquen. Für den Gärtner gibt es außer Vollgummi-Kniepolstern und den Halbgaloschen keine Mode – obwohl diese Freizeitbeschäftigung rein statistisch mehr Anhänger hat als jede andere.

Jahrzehntelang war der Overall die anerkannte Uniform des seriösen Gärtners. Seit aber die Latzhose in Witz und Wirklichkeit zum Abzeichen jener Alternativen wurde, die unterm Pflaster zwar überall Strand vermuteten, de facto Strandhafer aber nicht von Pampasgras unterscheiden konnten, ist diese Buxe beim ernsthaften Gärtner »pantalone non grata«.

Heutzutage beweist eher eine Weste die Ernsthaftigkeit des Tuns und entschärft den Verdacht, nur ein Poseur im Garten zu sein, ein Schönwetter-Gärtner, der die groben Arbeiten von anderen machen läßt und sich selber nur in den Garten begibt, um ein Sträußchen Petersilie zu schneiden oder eine Schale Erdbeeren zu zupfen. Die Weste – im Winter darf sie daunengefüttert sein oder aus gewachsenem Schaffell, in der Übergangszeit aus leichtem Steppkaro, im Sommer aus Drillich – steht für ernsthaften Sport, bei dem man ins Schwitzen gerät und die Arme frei haben muß. Flieger, Fotografen, Schützen, Zimmerleute und Barmixer - sie alle tragen Westen. Der kluge Gärtner auch. Eine Weste mit vielen zugeknöpften Taschen muß es sein. So daß man kopfüber ins Jäten verfallen kann, ohne daß einem abhanden kommt: die Bastrolle, das Okuliermesser, die Saat-Tütchen, die Schere, der Bindedraht, der Spargelstecher für die Wurzelunkräuter, der kleine Kratzer, die Markiertäfelchen ... kurzum alles, was man als Gärtner so braucht und am Leib trägt.

Die Angst vorm Schwiegersohn

Über erfolgreiche Männer um die Fünfzig mit blutjungen Bräuten und verwirrten Schwiegereltern

»Was soll man bloß machen«, sinnierte der Mittvierziger Achim L., Fernsehschaffender, angesichts der Tatsache, daß ihm seine einundzwanzigjährige Tochter Bettina vorige Woche seinen künftigen Schwiegersohn vorgestellt hatte. Nein, keine hundsordinären Eifersüchteleien auf den Liebhaber seiner ersten und einzigen Tochter verfolgten ihn. Über so was ist ein belesener Mann erhaben. Mit Freudscher Schadenfreude fängt man ihn nicht. Es waren eher Umgangsformen, die ihm zu schaffen machten. Denn Achims Schwiegersohn ist gut fünf Jahre älter als er selbst und verdient wahrscheinlich auch fünf Mille mehr im Monat, obwohl sich Bettina darüber vorerst noch diskret ausschweigt. Achim hat es aber im Gefühl, daß er zu Bettina und Wolf nicht sagen kann: »Okay, Kinder, ich lad' euch mal zum Essen ein«, um diesen Wolf auszuloten.

Die Lokale, in denen er sich's leisten kann, den künftigen Schwiegersohn einzuladen – da läßt der wahrscheinlich mittags Sandwiches für seine Schreibkräfte holen.

Der längst latent vorhandene Trend zur Jung-Frau hat durch den Berliner Mauerfall noch kräftig zugelegt. Viele Kulturschaffende haben uns Wessi-Frauen vorgelebt, daß der wahre Preispokal der Wiedervereinigung das kapitalistisch unverdorbene Ossi-Mädel war. Du begegnest auf dem Filmfestival dem müden dreifach Geschiedenen mit einer blaßrosa Schmollippe vom Prenzlauer Berg. Dem überreifen Kreativen mit einer abgebrochenen Architekturstudentin aus Leipzig; deren Kind und Studienbuch versucht er jetzt im Westen aufzupäppeln. Dem Feuilleton-Redakteur mit was wohl? Na, einer Russischstudentin von drüben mit Mannequinmaßen von hüben, die auch nett zu seinem Hund ist. Die jungen Mädchen aus den neuen Bundesländern gelten als anspruchslos, lieb und exotisch zugleich. Ob zu Recht oder Unrecht, wird sich noch weisen. Vorerst jedenfalls sind sie so was wie Thaifrauen für alternde Intellektuelle.

Wer aber kümmert sich um die seelischen Wehwehchen der dazugehörigen Schwiegereltern? Die altmodische abendländische Ratgeberliteratur ist voller Tips und Tricks, wie sich der Freier günstig präsentiert bei den Erziehungsberechtigten seiner Geliebten. »Einheirat nicht ausgeschlossen«, hieß es dann bei Wohlgefallen. Heute, in den Kreisen, wo der arrivierte Jung-Greis das Abiturientenfräulein freit, hofft manchmal der Schwiegervater auf einen günstigen Kontrakt im Unternehmen des erfolgreichen Schwiegersohns.

Was ziehen wir an? Was bringen wir mit? Wie sprechen wir diskret die Bürgschaftsfrage für die Eigentumswohnung an? All diese Fragen haben den jugendlichen Schwiegersohn jahrzehntelang genervt und plagen jetzt die reschen Schwiegereltern. Der ältliche Schwiegersohn mit genügend Spielgeld in den Taschen (und es muß leider gesagt werden: Bei aller Liebe und bei aller Emanzipation heiraten nach wie vor nur sehr, sehr selten reiche junge Mädchen arme ältere Herren ...) hat dank Lebenserfahrung nicht die geringste Scheu vor den Brauteltern – höchstens überlegt er sich, wie er taktvoll statt gönnerhaft seinem Schwiegervater sein abgelegtes Auto vermacht. Das Jung-Schwiegerelternpaar dagegen ist verlegen: Soll, kann, darf man das annehmen?

Manchmal hatten sie schon ein Töchterlein vergeben an einen Azubi oder Referendar. Da war die Welt noch in Ordnung, selbst wenn das Enkelchen bei Tisch auf der Hochzeitsfeier schon mitkrähte. Opa war Opa und zahlte die Rechnung. Aber das schöne Kind, welches diesen erfolgreichen graumelierten Patentanwalt kennengelernt hat und unbedingt heiraten will … also, das schöne Kind und sein erfolgreicher Oldie-Bräutigam wollen ihre Hochzeit wahrscheinlich in Etablissements begehen, die die Schwiegereltern höchstens aus der Zeitung kennen. Auch laden sie dazu Leute ein, mit denen sich einfach keine Kniggesche Tischordnung herstellen läßt: Die große Schwester des Bräutigams ist sechzig und nun wirklich nicht die passende Tischdame für den kleinen Bruder der Braut mit seinen sechzehn Jahren.

Ein Gutes freilich haben die Verbindungen von jungen Mädchen mit verwitterten Männern: Der Fluch der bösen Schwiegermutter – wie wir alle wissen, ist dies stets die Mutter des Mannes – ist im allgemeinen entschärft, da sie entweder längst unter der Erde liegt oder mild und altersschwach in einem Seniorenheim sitzt.

Krieg der Duftnoten

Die olfaktorische Umweltverschmutzung am Beispiel des deutschen Mannes

Wehmütig schnüffelnd gedenke ich manchmal meiner Jugend, dieser Zeit vor ein paar Jahren, als ein Mann noch wie ein Mensch roch und nicht wie eine wandelnde Parfümerie.

Na gut, manchmal rochen Männer früher etwas streng, nach Zigarettenrauch oder Gartenerde, nach Druckerschwärze oder Benzin, nach Bier und Leberwurst, nach Nivea-Sonnenöl oder Kaffee.

Heute riechen sie alle so ziemlich gleichmäßig gut und sauber, die Männer, und viele einfach penetrant. Es gibt Kollegen, nach deren herzlichem Händedruck ein sensibler Mensch erst mal aufs Klo stürzt, um sich die Finger zu waschen, die so verheerend nach teurem Aftershave riechen, daß man damit keinen Apfel und keine Teetasse mehr anfassen mag. Zugegeben, man kann sich auch gelegentlich über Frauen aufregen, die eine Feinschmeckertafel verpesten mit einer Wolke aufdringlichen Parfums. Doch ist diese olfaktorische Umweltbelästigung meiner Nase nach seltener; offenbar haben Frauen etwas mehr Fingerspitzengefühl beim Verwenden von Parfums als Männer. Die haben – zumindest in diesem Jahrhundert – erst spät die großkalibrigen Duftstoffe entdeckt und scheinen noch immer zu denken, viel hilft viel.

Wer früher dem lieben Papa zu Weihnachten oder zum Geburtstag mal was anderes schenken wollte als Schallplatte oder Schlips, hatte die Wahl zwischen Englisch Lavendel, Kölnisch Wasser, Irisch Moos und Russisch Juchten. Das war's, mehr oder weniger.

Heute riechen selbst Sparkassendirektoren nach Maiglöckchen mit Maracuja und Gerüstbauer nach Tuberosen mit einer Kopfnote von Zimt. Aftershave – wer sagt schon noch Rasierwasser? die Duftverkäuferinnen jedenfalls nicht –, also, Aftershave ist volkstümlich geworden. Einst war's nur das Weihwasser der Werbe-Branche, wobei selbstverständlich bloß Gerüche galten, die man nicht in der Parfümerie an der Ecke, auch nicht im Duty-free-Shop, sondern eben nur bei diesem ganz speziellen Herrenfriseur in Mayfair oder Palm Beach erwerben konnte. Aber seit Hinz und Kunz nach allen Wohlgerüchen des Orients und Okzidents und der Pharma-Industrie riechen, ist die westliche Nase einesteils abgestumpft, andererseits süchtig nach Kunst-Geruch.

Wie riecht verschwitztes Kinderhaar oder Schäferhund im Regen? Wie riecht Wolle im Schnee oder Haut mit Meersalz? Wir wissen es nicht mehr. Denn Kind und Hund, Haut und Haar riechen jahraus, jahrein nach irgend etwas, was ihre persönliche Duftnote ersetzen soll. Es gibt längst schon Baby-Parfum und Dackel-Duft. Klapprige Gebrauchtwagen werden von cleveren Händlern mit New-Car-Spray aufgemöbelt, so daß sie nach Leder und Holz riechen wie ein Rolls. Boutiquen lassen sich angeblich verkaufsfördernde Duftmischungen kreieren, und Duftlampen feiern allerorten fröhliche Urständ. Wenn man beim Einkaufen nicht aufpaßt, riechen auch Tempotücher und Klopapier, Zahnstocher, Windeln und Einlegesohlen, Scheuermittel, Filzstifte und Schreibblocks artfremd: nicht nach Tinte oder grüner Seife – nein, nach Maiglöckchen oder Gardenien, nach Levkojen oder Kaugummi.

Auch dem ehrlichen Geruch nach Sportler-Umkleidekabine ist der Kampf angesagt: Nach Fußschweiß riecht keiner mehr, seit man beim Kauf teurer Sportschuhe gleich die Duftbällchen aufgedrängt kriegt, die die Ursachen zwar nicht beseitigen, aber übertönen. Früher wusch man seine Schuhe mit Essigwasser aus. Heute wird das Problem mit Patschuli übertönt.

Ich fordere ja nicht die Rückkehr des Stinkers. Aber es stinkt mir, daß es nicht mehr genügt, mit allen Wassern gewaschen zu sein. Es wird parfümiert, daß die Nüstern beben, und man fragt sich wie zu Zeiten des Sonnenkönigs, welche grauenvollen Eigengerüche wohl hinter den synthetischen Ambra- und Zibetwolken lauern mögen.

Die Telefongockel

»Handy« läutet das goldene Zeitalter für Wichtigtuer ein

Was tut der wohlerzogene Mensch, wenn ein ihm nicht nahestehender Zeitgenosse in seinem Beisein ein Telefongespräch empfängt? Er versucht wegzuhören. Blättert betont in der Zeitung, tritt ans Fenster und bewundert eine nicht vorhandene Aussicht. Verrät ihm die plötzlich veränderte Stimmlage seines Gesprächspartners, daß der Anruf sehr privat ist (Beinbruch der Schwiegermutter? Ultimatum einer Ehefrau oder Geliebten? Haushund überfahren? Latein-Fünfer des Sprößlings?), dann wittert der Mensch mit Manieren die Schweißperlchen auf der Stirn des anderen, noch ehe dieser in den Hörer stottern muß: »Ähem, ich hab' hier grad Besuch …« Diskret wird der unfreiwillige Ohrenzeuge mit Kinderstube den Raum verlassen und so tun, als habe er draußen was zu erledigen. Ebenso abrupt verläßt der gesittete Mensch einen Fernsprecher, wenn er merkt, daß es um Geld und Geschäfte geht. Feinfühlige Menschen betrachten es als Versagen ihres Sensoriums, wenn der Telefonierende erst die Hand über die Sprechmuschel legen und sagen muß: »Tut mir leid – aber könnten Sie mich vielleicht einen Moment allein lassen?«

Dieser internationale Telefon-Knigge ist freilich im Eimer seit Erfindung und Mißbrauch des schnurlosen Telefons. Wo immer man sich heutzutage auf Tuchfühlung mit Wildfremden bewegt, hat wahrscheinlich einer sein Telefon dabei und macht damit wichtigtuerischen Wirbel: »Sag ihm, er soll mich morgen in New York anrufen ... Dem Müller bieten wir drei Mille und basta ... Die dusselige Kuh schmeiß ich raus!« Wie kann man den fremden Intimitäten entgehen? Sollen wir angewidert abrücken, als hätten wir Kopfläuse am Sitznachbarn entdeckt? Nützt nichts, denn die Besitzer schnurloser Telefone pflegen so lauthals zu dröhnen, als fehle ihnen selber das Vertrauen in diese Technik.

Das drahtlose Telefon ist meistens Männersache wie einst die dicke Havanna: ein Gegenstand zum Angeben. Schmerbauch im Nadelstreif mit Kapitalistenzigarre freilich ist als Aushängeschild des Erfolgs längst passé: Ungesund und unschick, Cholesterin und Nikotin so sichtbar mit sich herumzuschleppen. Nein, der modische Manager ist drahtig wie ein Windhund und ständig gefragt. Allerdings geht er seinen Mitmenschen genauso auf den Geist und die Magennerven wie der Dicke mit der Mafia-Zigarre. Weswegen die Top-Adressen der Gastronomie das Benutzen der tragbaren Telefone in ihren Speisezimmern ebenso verbieten wie das Zigarrenschmauchen.

In Wahrheit ist das neue Statussymbol (längst auch als Attrappe für 9,90 Mark zu kaufen) ganz klar ein Dienstabzeichen für die zweite Garnitur. Ein Spielzeug für die Akten-, Wasser-, Zu- und Kofferträger der Macht. Denn welcher wirklich einflußreiche Mann ist schon ständig erreichbar und zu sprechen? Er selber nicht, nur seine Substituten und Adlaten.

Wenn der Boß ein drahtloses Telefon benutzt, so sollte einem das zu denken geben. Dieser Apparat ist ein Segen der Technik für Notärzte, Monteure, Kurierfahrer. Aber mit dem Mann, der ihn dazu benutzt, abends um elf aus dem Restaurant seinen Mitarbeiter anzurufen, weil ihm was eingefallen ist… mit dem stimmt oft was nicht.

Entweder ist er ein Angeber, der seiner Umgebung sein 5000-Mark-Spielzeug in Aktion vorführen will. Meist ist sein Problem jedoch schwerwiegender: Immer erreichbar sein heißt in vielen Fällen eigentlich nur, daß der Betreffende nicht delegieren kann. Immer anrufen können, von jedem Bett, Barhocker, Bahnsteig aus, heißt in vielen

Fällen eigentlich nur, daß der Telefonitis-Kranke von einer Art geistigem Prostataleiden befallen ist: Seine Ideen, Anregungen, Anweisungen sprudeln offenbar nie, wenn sie sollten – also während der Geschäftszeit. Dagegen tröpfeln ihm stets zur Unzeit ein paar Ideelein und Einfällchen ins Hirn. Und dies gedankliche Wasser kann er nicht halten bis zum nächsten Morgen. Sondern da muß er sich gleich durch einen Anruf erleichtern.

Der Oben-ohne-Knigge

Verwirrende Benimmfragen bei Entblößungen

Die Sonne bringt es an den Tag: In allen wirklich wichtigen, aktuellen und kniffligen Benimmfragen lassen uns die Etikette-Bücher und Tanzlehrerverbände im Stich. Knigge & Nachfolger lehren zwar, wer wem wann wie aus dem Mantel zu helfen hat – aber kein Wort über den taktvollen Umgang mit der grassierenden O.-o.-Mode, sprich oben ohne. Obwohl dies Outfit in der warmen Jahreszeit viel häufiger getragen wird als ein Mantel.

Was ist korrekter? Grüßt Herr Schmitz seine fünfzigjährige Vermieterin, wenn er sie barbusig im Freibad antrifft, oder tut er so, als habe er sie nicht gesehen? Wenn grüßen – schaut er ihr in die Augen oder sicherheitshalber auf die Fußspitzen? Gut, wenn man in solchen Situationen eine undurchsichtige Sonnenbrille aufhat!

Das manierliche Dilemma besteht darin, daß unter freiem deutschen Himmel Dinge erlaubt und flächendeckend üblich sind, die hinter Mauern tabu sind und unter Glas als unschicklich gelten: Im Hallenbad bleiben deutsche Busen außerhalb der FKK-Clubtreffen einheitlich im Trikot – im Freibad drängen sie an die frische Luft. Am Strand dreht keiner mehr den Kopf, wenn Frauen Volleyball spielen, so daß nicht nur die Bälle fliegen – bei gleich spärlicher Bekleidung in einer deutschen Turnhalle würde was von Exhibitionistinnen gemurmelt, nach dem Hausmeister und dem Vereinsvorsteher gerufen.

Eine Frau, die dem Briefträger barbusig die Tür öffnet – das gilt als Tatbestand der Sauerei. Auf der Wiese im Park hingegen findet kein Mensch mehr was dabei, wenn sich dieselbe Frau aus ihrer Bluse schält und sich neben einem wildfremden Briefträger auf dem Rasen ausstreckt.

Ein weiteres Phänomen deutscher Sittlichkeit ist die Beobachtung, daß viele halbnackte Damen auch halbe-halbe bei der Entblößung des Oberkörpers verfahren: im Liegen und Sitzen ja, im Stehen und Gehen nein. Topless ist für viele Frauen okay in Bauch- und Rückenlage sowie in Sandburg oder Liegestuhl lehnend. Oben ohne zum Kiosk zu schreiten oder auch bloß am Flutsaum entlang kommt dagegen vielen O.-o.-Frauen doch ein bißchen unzüchtig vor.

Auch im Wasser scheiden sich die Geister: Frauen gibt's, die nur im Wasser das Bikinioberteil ablegen, um sich textil ungefiltert der oder dem See hinzugeben. Andere, nahtlos braun über Herz und Lunge, kramen bloß zum Schwimmen die kleinere Bikinihälfte aus der Plastiktüte, weil sie im tiefen Wasser offenbar Übergriffe von Kraken, Algen und Männerhänden fürchten.

Besserwisserische Leser brauchen mich jetzt nicht zu belehren, denn ich weiß es schon von meiner fünfzehnjährigen Nachbarin, daß Bikinis seit einiger Zeit sowieso »total brutal mega-out« sind. Was freilich die O.-o.-Frage kein bißchen entschärft, denn der sportlich dehnbare Einteiler ist schließlich zum Runterkrempeln da und gestattet es der Trägerin, die Reizüberflutung, die sie der männlichen Umwelt zumuten will, individuell zu dosieren. Man kann den koketten kleinen Wulst (seht her – es ist der Badeanzug, nicht mein Fettgewebe!) je nach Stimmung in der Taille tragen, unterm Nabel oder grad über der Schamhaargrenze.

Nun soll keiner glauben, die Sache mit dem Entblößungsknigge sei Weiberkram. Weil Männer sich wegen genetischer Defekte am Oberkörper nicht wirklich in die O.-o.-Debatte einschalten können, hat sich bei ihnen das öffentlich-moralische Moment auf den Unterleib verlagert.

Männer bei der Freiluft-Umkleide zeigen im Gegensatz zu Frauen ziemlich bereitwillig ihren Hintern – egal, ob bleich, behaart, pickelig oder sonnenbankbraun. Benehmen sich aber gebückt-gschamig mit überhängenden Hemdenzipfeln zwecks Verbergung ihres Geschlechts. Sie unterscheiden in Fragen des sittlichen Anstands ganz pragmatisch nach primären und sekundären Geschlechtsmerkmalen.

Frauen verhalten sich da weniger logisch. Blanker Busen (sekundär) wird gezeigt – die Pobacken aber (gar kein Geschlechtsmerkmal) müssen den Wechsel von Bade- zu U-Hose stets unter großen Sicherheitsvorkehrungen und Handtüchern durchmachen …

Die Mütter sind an allem schuld

Warum es unmöglich ist, ein männliches Kind richtig zu erziehen

Frauen sollen Kinder kriegen, das wollen der Papst, die CDU und die Rentenanstalt. Manchmal wollen es auch die Männer, mit denen die Frauen ins Bett gehen. Wenn Männer ein Kind wollen, dann soll es in gewissen Kreisen – nämlich in der primitiven Macho-Gesellschaft einerseits und im dekadenten Adel andererseits – am liebsten ein Sohn sein, der von Geburt an mit dem spießigen Titel Stammhalter zu leben hat. Im hinterwäldlerischen Indien werden Babys umgebracht, bloß weil sie kein Pimmelchen mit auf die Welt gebracht haben, im europäischen Adel werden sie nur weitgehend enterbt. Aber auch in der Gesellschaft dazwischen wird das männliche Kind, das einmal den Klempnerbetrieb, die Praxis, die Fabrik übernehmen oder auch nur mit Vater zum Joggen oder auf die Jagd gehen soll, klammheimlich favorisiert.

Denn Mädchen, nicht wahr, die heiraten ja doch und kriegen Kinder ... siehe oben. Oder sie sind einfach zickig. Was man sich in Kreisen, die einen kleinen Jungen mit dem schauerlichen Wort »Sohnemann« belasten, von einem Knaben nicht vorstellen kann. Das Wort Tochterfrau gibt's bezeichnenderweise nicht; es klänge wohl auch ein wenig sexuell getönt in Richtung Kindfrau Lolita.

Nun sollte man denken, daß die Frau in jenen Kreisen aufatmen kann, wenn sie endlich den ersehnten männlichen Nachkommen zur Welt gebracht hat. Ja, kann sie – aber nicht lange. Zwar wird sie nun von weiterer Gebärpflicht entbunden (vgl. Gloria von Thurn und Taxis, nachdem es beim dritten Versuch endlich ein Erbprinz war ...), doch das Dilemma fängt erst richtig an. Was immer nämlich an dem kleinen Buben nicht ganz so ausgefallen ist, wie sich der Vater und die Sippschaft das erträumten – daran hat die Mutter schuld. Der Willy ist körperlich mickrig? Ich sage Ihnen, die Mutter war Raucherin, das erklärt alles ... Der Willy ist zu dick? Na, schauen Sie sich doch die Mutter an: Nein, die ist nicht dick, aber so eine Karrierefrau, wissen Sie, da kriegt das Kind nicht genug Liebe, also muß es sich mit Süßigkeiten vollstopfen. Der Willy will zum Ballett statt in die väterliche Schraubenfabrik? Also, wenn Sie mich fragen: Der ist wahrscheinlich schwul, und ich hab' erst kürzlich in der Zeitung gelesen: Daran ist immer die Mutter schuld. Also, oft ist die Mutter so schrecklich, daß der arme Bub sozusagen gar nicht anders kann, als Zeit seines Lebens einen großen Bogen um Frauen zu machen. Nun gut, so gräßlich ist Willys Mutter eigentlich nicht, schließlich verkehren wir ja mit ihr. Aber eine, die zu lieb ist, wissen Sie, das ist auch nicht das Richtige … da kommt der Junge ja lebenslänglich nicht mehr los, und 'ne Normalfrau kann mit diesem Übermaß von Mutterliebe nicht konkurrieren. Ach so, Sie haben gelesen, daß einige Wissenschaftler behaupten, Homosexualität sei angeboren? Ja, genau: Die sollen ein meßbar kleineres Stückchen Gehirn haben, so wie Mädchen. Aber daran ist auch immer die Mutter schuld: Wenn die nämlich zuviel Streß hat während der Schwangerschaft, läuft das Hormon Testosteron Amok im Körper, und dann …

Es steht fest, daß sich Willy entwickeln kann, wie er will: Was immer er Gutes und/oder Konservatives tut – ganz klar das Verdienst des Vaters, der Apfel fällt nicht weit vom Stamm, gell, daher der unsägliche Titel Stammhalter. Ebenso steht fest, daß Willys gesammeltes Fehlverhalten Muttersache ist. Entwickelt er sich zum Casanova – Mama ist schuld, hat ihm nicht rechtzeitig den Respekt vor weiblichen Gefühlen vermittelt. Hat er Potenzprobleme? Kein Wunder, bei der dominanten Mutti! Haut er Frauen? Ja, wieso nicht, wo er doch bei einer Frau aufgewachsen ist, die ihn zum Spinatessen zwang. Ist er Exhibitionist? Freilich, wo Willys Mutter doch so eine Prüde war, die »Huch« schrie, falls sie, im Schaumbad liegend, vergessen hatte, die Badezimmertür abzuschließen. Schlimmer noch sind ja Willys neue Leiden: sein Mißbrauch als Sexualobjekt. Hatten wir Mütter bislang geglaubt, Kindesmißbrauch ginge so, daß Väter kleine Töchter vergewaltigten, so werden wir von Wissenschaftlern inzwischen eines Besseren belehrt: Eine avantgardistische Forscher-Riege erklärt uns, daß die Mutter, die sich ihrem Sohn ab einem gewissen Alter nackt zeigt, dabei wahrscheinlich Hintergedanken hat. Nähme man dies wissenschaftliche Gebrabbel ernst, so wäre ganz Skandinavien mit seiner Saunakultur ein einziges Babel von Kindesmißbraucherinnen.

Fast in jedem Prozeßbericht lesen Mütter heutzutage nur eines: Sofern es sich um einen männlichen Angeklagten handelt, hat dieser nur bedingt schuld – verhandelt werden sollte eigentlich über die Mutter.

Das sollte schon längst weg, aber …

… das Provisorium ist nun mal langlebiger, als man denkt

Kurz bevor die Gäste kamen, strich Ingrid noch einmal zufrieden wie eine schnurrende Katze ihre frisch renovierte Altbauwohnung ab: Die Wandfarbe war gelungen, der Teppichboden eine Wolke, und der bloße Anblick des italienischen Buffets in der Küche ließ die Geschmacksknospen auf der Zunge schwellen. Alles perfekt – bis auf eine Kleinigkeit: Die Tür zum Gästeklo hat eine Glasfüllung und bräuchte aus Gründen der Diskretion eine Gardine. Was tun auf die Schnelle? Ingrids Blick fiel auf das Einweihungsgeschenk ihrer Putzfrau, eins der neckisch-bunten Geschirrtücher mit dem aufgedruckten Kalender fürs neue Jahr. Hingehalten – paßte, fünf Reißzwecken und fertig.

Das war, wie man bis heute sehen kann, zu Silvester 1988. Der Lappen hängt da heute noch. Denn Ingrid selber geht höchstens aufs Gästeklo, um die

Katzentoilette zu säubern. Falls dann ihr Blick auf den provisorischen Vorhang fällt, nimmt sie sich eisern vor, demnächst irgend etwas Geschmackvolleres und Solideres anzubringen. Doch bleibt es beim Vorsatz, weil entweder grad in absehbarer Zeit keine Gäste ins Haus stehen – oder sie schon in der Wohnung sind.

Die Geschichte des Provisoriums ist noch nicht geschrieben, aber es wäre eine lohnende Forschungsaufgabe. Ein Mikrokosmos menschlicher Schwächen wie Faulheit, Vertröstung, Verbummeln käme zum Vorschein unter jedem Bierfilz, der einen wackelnden Tisch im Lot hält. Unter all den Sicherheitsnadeln an Säumen und Büstenhalterträgern. Den mit Heftpflaster reparierten Steckern und mit Stöckchen verkeilten Schuppen-Türen. Ich denke an den berühmten Pfennig anstelle des abgerissenen rosa Strumpfhalter-Nippels an den verhaßten Leibchen meiner Kindheit und an den Biedermeiersekretär meiner Freundin, den sie bereits geerbt hat mit falschem Hinterbein (sehr empfehlenswert: eine mit Silvesterblei gefüllte Kondensmilchdose). Der Backofen meiner Tante hat einen spinnerten Thermostat, der nur funktioniert, wenn man einen Kochlöffel in die Tür klemmt. Die Waschmaschine meiner Nachbarn gerät beim Schleudern ins Rutschen, wenn man ihr den untergeschobenen Kaffeelöffel wegnimmt.

Bei uns in der Küche hängt eine Hängelampe aus

den dreißiger Jahren vom Flohmarkt. Bevor sie überhaupt hing, hatte es einiger Quengeleien nach Hausfrauenart bedurft, bis der Mann im Haus die Lampe unter vielen Flüchen gegen Edison, die Frauen und die Trödelbranche zum Leuchten brachte. Als sie endlich überm Eßtisch leuchtete, tat sie das zwei Handbreit zu tief: strahlte die Linsensuppe an, als wär's ein Gericht von Bocuse, während die Charakterköpfe der Familie darüber im Halbdunkeln mit dem Löffel den Mund suchten. Der Mann stand auf, zog einen Kugelschreiber aus der Tasche und schob den als Knebel durch eine Schlaufe ins Lampenkabel. Es wurde Licht.

Das war im Juni 1985. Eine Woche später hatte diese Prothese gute Chancen, gegen eine vernünftige Konstruktion ausgewechselt zu werden, weil der Mann (unter Reihum-Schuldzuweisungen an Frau und Kinder) sein Konfirmationsgeschenk, einen silbernen Parker-Kuli, vermißte. Die historische Chance wurde vertan, der Silberling wegen Zeitmangel nur hastig gegen einen Reklame-Kuli ausgetauscht. So hat der Kabelknoten mit Kugelschreiber soeben die zweite Küchenrenovierung überstanden.

In gewisser Weise sind wir Pfuscher und Fummler ein Stamm von verhinderten Ingenieuren und Erfindern. Was unsereins mit einem Schnipsgummi, einem Stückchen Strumpfhose, einer genial aufgebogenen Wäsche- oder Büroklammer reparieren kann – davon träumen sie bei Siemens und Mercedes und der NASA wahrscheinlich nur.

Denn nichts ist durabler als ein gründlicher Pfusch, nichts haltbarer als der Ersatz, nichts zäher als die Notlösung – das gilt übrigens auch für Politiker und die Gefährten von Tisch & Bett. So dauerhaft wie das Provisorium ist das Wahre, Schöne, Gute oftmals nicht.

»Unschöne Wortbildungsschwäche«

Die zweifelhafte Wohltat, die Dinge nicht mehr beim Namen zu nennen, sondern mit einem Zierwort

Wie jeder Zeitungsleser weiß, heißt Massenmord neuerdings »ethnische Säuberung«, und »weiche Ziele« meint, daß Menschenfleisch statt nur Beton bombardiert werden soll. Die sprachliche Schönfärberei von Greueln ist, wie wir Deutschen seit »Arisierung« und »Endlösung« leider besonders gut wissen, eine charakteristische Marotte von Kriegsverbrechern. Aber nicht nur. Auch brave Behördenhengste zeichnet eine seltsame Wirklichkeitsferne und/oder Gschamigkeit aus, wenn sie Gifte als »Sondermüll« bezeichnen und diesen »entsorgen«, so als ob man im »Entsorgungspark« so sorglos schlafen könnte wie in einem Sanatorium. Gefängnisse und Zuchthäuser gibt's nicht mehr, dafür »Vollzugsanstalten«. Ob es den Insassen hilft?

Vollzogen wurde im Deutschen früher nur so was Nettes wie Beischlaf & Ehe – inzwischen hat die strafende Justiz sich das Wort unter den Nagel gerissen für ihre Knäste. Aber verändern neue Wörter wirklich das Denken? Ist einer, der Sinti statt Zigeuner sagt und Afrikaner anstelle von Neger, damit schon über jeden Verdacht des Rassismus erhaben? Ist es ein wirklicher Beweis für Warmherzigkeit, wenn jemand Behinderter sagt statt Krüppel? Glauben Politiker ernstlich daran, daß ihre Plakatwand-Mahnung »Senioren gehören dazu« einsamen Sozial-Rentnern das Leben erleichtert? Daß sie jetzt Senioren heißen statt alte Herrschaften, bessert ihr Budget leider nicht auf. Daß sie so unzweifelhaft zum Leben gehören wie Pickel zur Pubertät – auch dafür können sie sich nichts kaufen.

Der Haupttummelplatz für verlogene, verschleiernde Sprache und Heuchelei sind heutzutage freilich Arbeitszeugnisse. »Er zeigte für seine Arbeit Verständnis« heißt eben noch lange nicht, daß er sie auch erledigte. »Sie hatte Gelegenheit, alle innerhalb der Abteilung anfallenden Arbeiten kennenzulernen« bedeutet nicht, daß es über das Kennenlernen hinaus etwa zum Zupacken gekommen ist. Und wenn sich ein scheidender Arbeitnehmer freut über den freundlichen Satz »Durch seine Geselligkeit trug er zur Verbesserung des Betriebsklimas bei«, ahnt er wahrscheinlich gar nicht, daß ihn mit dieser Chiffre sein alter Personalchef beim künftigen annonciert als Alkoholiker. Der harmlose Satz »Für die Belegschaft bewies er ein umfassendes Einfühlungsvermögen« stempelt ihn zum Homosexuellen, das Lob »Im Kollegenkreis galt er als toleranter Mitarbeiter« macht ihn durch die Chefbrille gesehen zum Querulanten – während die Formulierung »Wir lernten ihn als umgänglichen Kollegen kennen« heißt, er ist ein Zuträger der Chefetage und bei seinen Kollegen verhaßt.

Einem maulfaulen, gelegentlich stotternden Schulkind wurde kürzlich ins Zeugnis geschrieben, es leide unter einer »unschönen Wortbildungsschwäche«. (Der kernige Hamburger Jung machte das Beste draus und gründete eine Band gleichen Namens.)

Es wird nicht mehr lange dauern, dann lesen wir statt kriminell die Floskel »in seinem Gerechtigkeitsgefühl behindert«. Statt Lustgreis »sexuell aktiver Senior«. Statt Schnorrer »praktizierender Urchrist«. Und »dumm, faul, gefräßig« heißt künftig »etwas eingeschränkt in seinen kognitiven Fähigkeiten, der Leistungsgesellschaft eine bewußte Absage erteilend, mit erhöhtem Grundumsatz und ausgeprägten oralen Bedürfnissen«.

Hypochonder und ihr Hobby

Leute, die nicht ganz unschuldig sind an der Kosten-Explosion des Gesundheitswesens

Anita ruft an, um zu sagen, daß sie eigentlich nicht anrufen sollte. Sie müsse ihre Stimmbänder schonen. Das habe ihr der Arzt geraten. Anita geht zum Arzt, wenn sie ein Tempotaschentuch braucht. Einer wie ihr läuft grundsätzlich nicht die Nase; es ist dann mindestens eine Stirnhöhlenentzündung.

Das Anrecht auf psychosomatischen Schnupfen hat in Anitas Welt allein der sensible Single.

Woher sie das Bedürfnis hat, sich bei minimalem Schweiß auf der Stirn (das können vier Treppen ohne Fahrstuhl gewesen sein oder ein mexikanischer Feuertopf) die Temperatur zu messen – wir Freunde wissen es nicht. Warum sie sich bei Herzklopfen (es gab da diese Episode mit diesem Max) lieber zu einem Internisten flüchtet, der ihr ein

Langzeit-EKG anlegt – wir können es nur ahnen, dürfen es nie aussprechen.

Ist Anita erst wieder gesund – die Freunde bangen wochenlang mit ihr um die Auswertung seltener Tests zu seltenen Krankheiten –, dann ist sie eine Leseratte. Gesundheitslexika, medizinische Themen … und ganz besonders Beipackzettel von Arzneien.

Der Nietzschianer mit dem Spruch auf den Lippen: »Gelobt sei, was hart macht« ist heute so verschrien wie ein Macho … Nein, man muß doch in sich hineinhorchen und ökologisch mit sich umgehen. Wie man hineinhorcht, so klopft, röchelt, fiebert es aus einem heraus.

Anita genügt die Lektüre eines Spiegel-Artikels über AIDS, um zu wissen, sie hat es. In jedem Muttermal dräut ihr ein Melanom, in jedem blauen Fleck ein Kaposi-Syndrom. Hat sie mal gerötete Augen, so scheiden simple Erklärungen wie Zugluft oder zuwenig Schlaf nach einer verräucherten Kneipennacht von vornherein aus. Es muß mindestens eine Allergie sein auf die Wohngifte im Büro.

Der Hypochonder liebt keine Wahrscheinlichkeitsrechnungen: Fragen, wieso er mitten in Mitteleuropa eine rare afrikanische Bazille aufgeschnappt haben könnte, ohne je in Afrika gewesen zu sein – eine Bazille, die auf dem Schwarzen Kontinent nur dreizehn Menschen pro Jahr befällt –, solche Fragen machen den Hypochonder wütend.

Jedes kleine Unwohlsein wird bei Anita mindestens als Salmonellenvergiftung diagnostiziert, Hüsteln als Lungenkrebs, Kopfweh als Hirntumor. Freundlicherweise ist es charakteristisch für den Hypochonder, daß er hinter anderer Leute Übelkeit, Husten, Kopfschmerz nie derlei tragische Ursachen wittert. Einfach deshalb nicht, weil er sich für das gesundheitliche Befinden anderer nicht interessiert – die eigenen tausend Wehwehchen sind Denk-Stoff genug. Und außerdem ist ein eingeschlafener Fuß bei anderen Menschen eben ein eingeschlafener Fuß, nur beim Hypochonder deutet dies sofort auf Raucherbein.

Und wer sich diesen fürchterlichen Ängsten mit ebenso tröstenden wie rationalen Argumenten entgegenstellt, der muß sich, wenn schon nicht Grünen Star, so doch zumindest geistig-seelische Blindheit, nämlich einen ungesunden Hang zur Verdrängung, nachsagen lassen.

Wo Freunde ihr wahres Gesicht zeigen

Aufschluß-reiche Hinterlassen-schaften in Ferien-häusern

Leute mit kleinen Kindern, mittlerem Einkommen, großen Hunden, anhänglichen Katzen und Großmüttern halten wenig vom Hotelleben. Sie bevorzugen Ferienhäuser.

Wer eins hat, ist selten abgeneigt, es im Bekanntenkreis zu verleihen. Es geht dabei oft weniger um Geld als um den geldwerten Vorteil, daß die Klitsche mal kräftig gelüftet, geheizt, geputzt wird; der Gast als Trockenwohner sozusagen. Der Gast läßt sich auf dies unausgesprochene Geschäft gern ein; winkt darüber hinaus auch noch verführerisch mit seinen Heimwerkerqualitäten und seinem kleinen Hobbygärtner-Examen.

Denn nach herben Erfahrungen mit einschlägigen Agenturen mieten viele lieber Urlaubsquartiere von Menschen, deren Tapetenmuster sie keinen Kulturschock erwarten lassen. So sind es denn beide Seiten zufrieden. Und das schönste daran: Hinterher haben nicht nur die Leute was zu erzählen, die eine Reise taten. Sondern auch die Quartiergeber.

Äußerst aufschlußreich, was die Freunde außer Wollmäusen hinterlassen. Die säuberlich wie ein Patronengürtel im Gemüsebeet ausgestippten Zigarettenkippen deuten darauf hin, daß Dr. Beyer der einzige ist, der noch nicht weiß, daß sein siebzehnjähriger Sohn kräftig raucht. Der Sohn wiederum soll wahrscheinlich nicht wissen, daß Papa heimlich Rosamunde Pilcher liest – warum sonst findet sich die Schwarte ausgerechnet zwischen Matratze und Matratzenschoner im Ehebett?

Carlotta, auch dich werden wir nicht verraten. Zwar stürzt du deine Freundinnen zu Hause reihenweise in leichte Depressionen mit der ständig unaufgefordert abgegebenen Erklärung, keine Gewichtsprobleme zu kennen. Wieso fanden wir dann nach deinem Aufenthalt nur Cola-Light, Knäckebrot und Diätsuppen in der Speisekammer?

Daß Hubert, der mit dem BMW-Cabrio und den Armani-Blazern, sparsam mit Aldi-San duscht und sich voller Mißtrauen in die Landesküche Kochbeutelreis und Blutwurstdosen aus Deutschland mitgebracht hat, hätten wir ebenfalls nicht vermutet.

Von Hamachers hörten wir, daß sie ihre Heimkehr aus unserem Ferienhaus im Freundeskreis mit einem Bio-Essen gefeiert haben, zu dem wir merkwürdigerweise nicht eingeladen waren. Jetzt wissen wir endlich, welcher Parasitenbefall daran schuld war, daß unsere Tomaten und Artischocken heuer so wenig trugen.

Gerhard und Norma exportierten nichts ungefragt; sie neigen eher zum Schenken. Geschenke, die wir schamesbleich vor den Kindern verstecken: zwei Handtücher von Novotel, diverse Bistro-Aschenbecher und Kaffeelöffel sowie eine Groß-Ketchup-Flasche mit dem Aufdruck einer beliebten Imbißkette. Andere hinterlassen Schriftliches: »Vielen Dank für die wunderbaren Wochen in Eurem zauberhaften Haus! PS: Der Klopapiervorrat geht zu Ende, und Ersatz-Glühbirnen sind auch keine mehr da. Leider ist die Dachrinne verstopft und das Hinterrad vom Velosolex platt …« Also, diese faulen Geizknochen kommen uns nie mehr in die Datscha!

Äußerst schade ist es dagegen um Krellers. Die hätten wir gern abonniert; trotz und wegen ihres zwanghaften Tätigkeitsnachweises. An den Vorhängen ist per Stecknadel der Zettel befestigt: »Hat Susanne am 21.5. gewaschen!« An der Spülmaschine der vorwurfsvolle Hinweis: »Von Robert am 22.5. entkalkt.« Die Konservendosen sind alphabetisch geordnet, die Gummistiefel grundgereinigt, auf der Wiese blüht kein Löwenzahn mehr.

Nein, Krellers wollen unser Häuschen leider nicht mehr mieten. Sie fahren jetzt zur Kur. Sie hat Sehnenscheidenentzündung, er hat's an der Bandscheibe.

Und außerdem halten sie uns für Schweine.

Danaer-Geschenke

Man hat es nie gewollt – und jetzt soll man sich auch noch freuen

»Schreiben Sie doch mal was über die verordnete Freude«, bat eine Berliner Lehrerin. Sie nämlich soll sich grad furchtbar freuen, weil ein Wessi ihre Schulklasse für zwei Tage ins »Phantasialand« eingeladen hat.

Das bedeutet, daß die Lehrerin ihre eigenen Pläne für die Herbstferien umzuschmeißen hat, sich den Mund fusselig reden kann, um weitere Begleitpersonen zu finden und um skeptische Eltern zu überzeugen. Und wenn's nicht klappt, hat die Lehrerin bei der Klasse verschissen bis in die Steinzeit. Und als Krönung des Ganzen muß sie auch noch schriftlich und mündlich Dankbarkeit verströmen für ein Geschenk, auf das sie liebend gern verzichtet hätte.

Parallel dazu klagt mir eine alleinerziehende Freundin ihr kleines Leid: Oma hat in einem verblüffenden und untypischen Anfall von Großzügigkeit beschlossen, dem Enkelchen zum Geburtstag ein fulminantes Etagenbett zu schenken. Das Möbel ist aus dem Katalog geordert und bereits unterwegs. Nun kann Petra sehen, wo sie damit bleibt, wer ihr beim Möbelrücken und Wändestreichen hilft. Der Bedanke-mich-Brief fällt ihr schwer, besonders wegen Mutters Postscriptum: »Das ist nämlich für Deinen Geburtstag gleich mit.«

Elsa, von Natur aus gutmütig, wollte sich am Anfang ihrer Verbindung zu Lothar mit ihrer künftigen Schwiegermutter gut stellen und lobte darum leichtfertig deren Garderobe. »Konnte ich denn ahnen, daß diese Frau – frustrierte Mutter von vier Söhnen, die stets nur in Jeans und Beutelpullovern herumgehen – auf eine solche Ermunterung gelauert hatte, um mich fortan mit Lurexpullovern, Nirosta-Faltenröcken und Trevira 2000 zu beglücken? Wenn sie zu Besuch kommt, fühle ich mich stets zwanghaft ermuntert, die Waschmaschine anzustellen, damit ich halbwegs glaubhaft erklären kann, ja, diese brüllrote Polyesterbluse mit Schluppe sei grad in der Wäsche und drum nicht an mir.«

Es ist die Feigheit vor dem Freund, nicht vor dem Feind, die unser Leben manchmal so anstrengend macht. »Oh, wieder euer selbstgemachter Feigenlikör – nein, wie toll«, tschirpt Wiltrud und würde nie gestehen, daß sie das Zeug schon seit Jahren zum Kotzen findet und Klaus obendrein was an der Leber hat.

Nach unseren gesellschaftlichen Spielregeln darf man leider nur bei Beerdigungen auf die Einladung schreiben: Von Blumen und anderen Beileidsbezeigungen bitten wir abzusehen. Obwohl einem der Satz auch im Leben viel ersparen würde: Keine selbstgetöpferten Aschenbecher und Seidenmalereien von Angelika mehr. Keine abscheulichen Zimmerpflanzen mehr, die selbst gröbster Behandlung widerstehen, weil sie vom Schenker regelmäßig aufgesucht, inspiziert und besprochen werden. Keine mittelgroße Ehekrise mehr wegen Hubert, unserem Humorbold, der so gern lebende Tiere verschenkt: Zwerghasen, Goldfische oder, haha, ein lebendes Huhn.

So ziemlich jede Macke und Meise darf man in Neudeutschland haben und findet mit Glück noch einen, der einen versteht. Nur eins darf man partout nicht sein: undankbar.

Sonst geht es einem so wie unseren Brüdern und Schwestern in den neuen Bundesländern, die von ihren Westverwandten nur so lange gern beschenkt wurden, wie sie klaglos den letzten Ramsch nahmen.

Aber wehe, die waren aufrichtig und sagten: »Paßt mal auf, nicht nur eure Gören wollen, wenn Jeans, dann Wrangler, wenn Hemd, dann Krokodil, wenn Turnschuhe, dann Reebok. Ihr macht einen

Riesenaufstand um das Gebiß eurer Kinder, aber uns schickt ihr gnädig die Sonderangebotstüte mit den Plombenziehern aus dem Massa-Markt zu. Und dafür wollt ihr noch ein Dankeschön-Schreiben!«

»... und du sollst Tante sein«

Frauen, die einen Titel verpaßt kriegen, den sie eigentlich hassen

Das Wort Tante beschwört in den meisten Leuten sofort ein Bild herauf: das Bildnis einer bigotten oder tütteligen Person mit unflotter Haartracht und weißem Krägelchen auf hoffnungslosem Sackkleid.

Oder auch, sinnenfroher, die Vorstellung einer rundlichen Frau am Küchenherd, die nach Bratäpfeln riecht, solche auch superb zubereiten kann und ehrlich gesagt auch ein bißchen so aussieht. Es kann kein Zufall sein, daß von New York bis Paris und Mailand Gourmet-Lokale einhellig die Tante im Titel führen.

»Die Tante« hatte immer so was von Vaters oder Omas unverheirateter Schwester; war eine Frau, die im Schutze der Familie so sonderbare Interessen vervollkommnen konnte wie Bibelfestigkeit, Botanisieren, Baisers backen. Oh, man hatte theoretisch auch andere Tanten: Aber die waren eben »die Gerda«, die Mutter unserer Cousins, oder Mechthild, die Frau vom Professor.

Die Tante von heute trägt kein Korsett, sondern fährt Rennrad. Sie preßt keine Blumen, sondern hat promoviert über die Methadon-Therapie für Drogensüchtige. Alles, was sie mit der Tante von früher gemeinsam hat, ist der Umstand, daß sie unverheiratet ist.

Von der modernen Tante, obwohl aus der Kirche ausgetreten, werden gleichwohl gewisse Rituale verlangt. Sie soll ein Baby über die Taufe halten und damit Patentante werden. Moderne Pfarrer machen so was mit. Sie muß zu Kommunion bzw. Konfirmation ihrem Titel als Patentante Ehre machen und ein Geschenk von bleibendem Wert abliefern. Der modernen Tante bereitet dies Kopfzerbrechen. Mit den klassischen Werten – dem beleuchteten Globus, der goldenen Armbanduhr, der Schiller-Ausgabe in Halbleder – könnte sie vielleicht das Herz ihrer spießigen Schwester gewinnen, aber nicht das des Kindes. Das sammelt nämlich Swatch-Uhren, liest Comics und macht sich sein Weltbild computersimuliert.

Häufiger noch bestehen zwischen Tante und Patenkind nicht die geringsten Blutbande. Das war ja das Moderne damals, in den siebziger Jahren. Margot ging den Weg des geringsten Widerstands und hat Johnny geheiratet, weil Jeremias unterwegs war. Oder auch nicht geheiratet – doch drum war eine Patentante erst recht wichtig. Für den Fall, daß sie bei dieser Selbstfindungs-Kreuzfahrt vor Kreta ertränke oder im Big Sur beim Psycho-Workshop im Whirlpool. Vielleicht hatte Margot auch nur Angst, in der Spießbürgerlichkeit zu ersaufen, und hat deswegen Rita als Lebensretterin ihrer winzigen Tochter Tana-Tajé gewählt.

Rita färbt sich die Haare noch immer mit Henna und hat keine Ahnung, wie sie mit Tana-Tajé oder Jeremias verfahren soll, falls diese aus freien Stücken eine Konfirmation oder Abiturfeier wünschen.

Rita will nicht gegen den Stachel löcken, aber sie hofft insgeheim auf Anzeichen, daß die Patenkinder sie nicht in solche tantenhaften Verlegenheiten bringen werden. Gern würde sie ihre Fähigkeit zu geistiger Führerschaft beweisen – Patentanten waren ja von den Kirchen nicht als Geschenk-Spender erfunden, sondern um im Falle des Ablebens der Eltern die weitere Erziehung im richtigen Glauben zu garantieren. Ritas Glauben ist nun durch Lebenserfahrung allerdings ziemlich weit entfernt von den Lehren der Amtskirchen, und als alleinlebende Frau ohne Kinder fühlt man sich heute eher avantgardistisch als biologisch benachteiligt.

Die moderne Tante versteht sich als eine Art Nachtasyl in Reserve: daß ihre Patenkinder womöglich ankämen in mordsmäßigem Zoff mit ihren Eltern, abgebrannt, vertrotzt. Oh, wie gern würde sie da die Designer-Couch im Wohnzimmer richten und ihr Psycho-Bücherwissen aus zehn Jahren mal ausprobieren!

Wenn kleine Mädchen plötzlich wiehern

Eine Pubertätserscheinung, wie sie nicht im Buche steht

Wie die meisten häuslichen Katastrophen begann auch diese unauffällig. Ich muß sagen, daß ich als mittelständische Mutter bislang immer stolz auf mich war. Nachweislich ist es mir z.B. gelungen, meine kleine Tochter Barbiepuppen-frei zu halten. Videospiele, knall-päng? Nicht in unserem aufgeklärten Haushalt! Auch konnte ich, indem ich stets mit gutem Beispiel in Marineblau voranging, das Schlimmste an getigerten Leggings und brüllfarbenen T-Shirts verhindern. Dafür wurden wir von unseren bekinderten Freunden stets beneidet.

Doch dann kam »Wendy« ins Haus. Eigentlich schlich sie ins Haus. Das Abo wurde einer großmütigen Großmutter auf Besuch abgeluchst. Es hätte auch »Lissy« sein können. Oder wie die Pferdezeitschriften für kleine Mädchen sonst noch heißen. Wendy und Lissy haben eine klare Botschaft an alle weiblichen Zehnjährigen: Pferde sind die besseren Menschen. Selbst der Tierarzt kann sich als Schurke entpuppen, der Turnierreiter ist sowieso vom Ehrgeiz zerfressen, die Stallgehilfin mit den steilen Brüsten hat es bloß auf den Gutsbesitzer abgesehen. Nur der Wallach »Blitz« oder die Stute »Blacky« haben wirklich feine Seelen, werden von Schulmädchen aus den scheußlichsten Situationen gerettet.

Das Kind kann zwar weder fünf griechische Götter aufsagen noch die Nebenflüsse der Donau, doch von Appaloosa bis Zemaituka sämtliche Pferderassen. Wenn wir nicht mal den Unterschied zwischen Trott und Tölt kennen – warum soll es sich dann uns zuliebe mit dem Unterschied von Dativ und Akkusativ beschäftigen? Es belehrt einen, schnaubend und stampfend, über Aalstrich, Stockmaß und Stutbuch. Die Wohnzimmerdecke kriegt täglich mehr Risse. Das ist nicht der Zahn der Zeit, sondern das Hindernisspringen über quergelegte Besenstiele im Kinderzimmer ein Stockwerk höher. Ach, wie dieses nette Zimmer aussieht! Die anmutig gerahmten Stiche aus antiken Bilderbüchern sind abgehängt, die Wände übertapeziert mit steigenden Schimmeln, zähneblеckenden Zossen, schnulzigen Stute-und-Fohlen-Fotos.

Die gutmütige alte Hauskatze wird mit selbstgebasteltem Zaumzeug angetroffen und miaut kläglich unter ihrem Sattel, für den unser bestes Fensterleder zurechtgeschnippelt wurde. Kein Bademantel im ganzen Haus ist noch im Vollbesitz seines Gürtels. Die Frotteebänder dienen allesamt reiterlichen Zwecken als Longierleine für Steiff-Tiere, jüngere Geschwister und schwächere Freunde. Wortgewandte kleine Luder, die die Aufforderung zum Staubwischen ihres Zimmers oder zum Putzen der eigenen Schuhe als Sklaventreiberei empfinden und dafür Taschengeldzulage fordern, kratzen mit Genuß, stundenlang und umsonst, den Mietstall-Mähren die Boxen und die Hufe aus.

Es ist nicht leicht und nicht gerecht, einem schlauen Kind die Anschaffung eines Hamsters, Wellensittichs oder Zierfischs auszureden. Mit Pferden ist das scheinbar kinderleicht. Wo bitte sollte so ein Riesenviech leben und grasen? Hier begreift das Kind, daß es der widerstrebenden Mutter nicht um die egoistische Schonung des Teppichbodens geht. Doch es weiß sofort Rat, schleppt eins seiner siebenunddreißig Pferdebücher herbei und deutet auf die Rasse Falabella. Wird nämlich nicht viel größer als ein Pudel und… Kostet aber sehr viel Geld, wie der ganze kindliche Reiterwahn überhaupt. Wie sich herausstellt, hat die Tochter auch dies Argument längst einkalkuliert und spielt seit Wochen heimlich Mittwochs-Lotto.

Es tröstet wenig, daß offenkundig nicht nur unsere Tochter allein hinterrücks vom virus equestris befallen ist: Per Rundruf organisieren Großstadtmütter Gruppenferien auf dem Ponyhof, fragen nach abgelegten Langschäftern und ob man von Pferden Flöhe oder Zecken bekommen kann. Wenn das Kind Post kriegt, ist garantiert ein Gaul auf der Ansichtskarte oder wenigstens auf der Briefmarke. Im Kaufhaus bei den Kassetten schlagen die Pferde-Sagas das Köchelverzeichnis. Die Psychologin im Bekanntenkreis hat eine Diplomarbeit ausgegraben, worin steht, daß das alles ganz normal ist: Groß, stark, warm und sexy ist so ein Roß – genau das, wovon präpubertierende Mädchen wiehernd träumen. Dabei gutmütig und niemals grabschend, keine Forderungen stellend, noch nicht mal Hausaufgaben.

Die Roßkur hat ihre Vorteile: Seit wir die obligatorische Zahnspange in Trense umbenannt haben, wird sie gern getragen. Das bislang nur geschmäcklerisch am Frühstücksbrot nibbelnde Kind ißt plötzlich kiloweise Mohrrüben, Äpfel und ordentliche Schüttungen von Haferflocken. Pferde tun es ja auch.

Alles über Büstenhalter

Das klammheimliche Comeback der weiblichen Rüstung

Mutter ist ohne ihn noch nicht mal zum Metzger gegangen – das wäre unschicklich gewesen. Andererseits nannte sie ihren täglichen Begleiter, von dem sie sich eigentlich nur im Bett und im Bad trennte, niemals bei seinem vollen Namen. Nur tuschelnd und schamhaft abgekürzt auf seine Initialen BH (regional auch: BüHa) durfte von ihm die Rede sein. Denn sein Name hätte womöglich rote Ohren bei kleinen Buben hervorgerufen oder streunende Gedanken bei älteren Knaben. Kein Mensch war so verklemmt, daß er im Wäschegeschäft eine UH (sprich Unterhose) verlangt hätte. Aber keine Frau in den fünfziger und sechziger Jahren wäre in ein Kaufhaus gegangen und hätte dort laut nach einem Büstenhalter gefragt. Obwohl doch schon das Wort allein krampfhaft auf Hehres und Höheres deutet: Eine Büste ist in der volkstümlichen Vorstellung der

Gips-Beethoven auf dem Flügel der Klavierlehrerin. Büste klingt nach Bronze, Marmor, Ewigkeit und Friedhofsplastik, nach allem, was ein weicher weiblicher Busen nicht ist. (Wir können schon froh sein, daß dieser heldische Euphemismus nicht auch die Kosmetikseiten der Frauenzeitschriften erfaßt hat und dort Cremes und Turnrezepte gegen Hängebüste empfiehlt oder die AOK uns zur Büstenkrebs-Vorsorgeuntersuchung schicken will.)

Erstaunlicherweise hat der Büstenhalter seinen lächerlich dramatischen Namen in Krieg und Frieden aller feministischen Scharmützel beibehalten.

Es waren junge Mütter oder große Schwestern, die 1968 und in zwei, drei Folgejahren aus politischer Überzeugung an fotogenen Verbrennungsaktionen dieser spezifischen Leibwäsche teilnahmen. Ihnen folgten ganz viele Frauen, denen es in Wahrheit weder befreit zumute noch anatomisch bekömmlich war, oben ohne zu gehen. Aber das waren halt die Jahre, wo der sichtbare Verzicht auf Büstenhalter so politisch war wie das Kreuz an der richtigen Stelle des Stimmzettels. Jede Frau, die intellektuell auf sich hielt, trug ihre wie immer geartete Büste flach, strotzig, schwabbelnd, aber auf jeden Fall selbstbewußt unterm T-Shirt. Angesichts der hierzulande herrschenden Temperaturen (öfters arktisch) führte dies zu einer Unterwäschemode, die zwischen Mädchenpensionat und Reine-Baumwoll-Lobby lag. Schön daran war, daß man in dem züchtig gestreiften oder gepunkteten Zeug jederzeit baden gehen konnte. An jedem Strand, in jedem Hallenbad.

Das hat sich schwer geändert. Neuerdings hat eine Frau, die ihrem Busen was Neues zum Anziehen kaufen möchte, große Mühen, überhaupt etwas ohne Drahtbügel zu finden. Das trägt man jetzt nämlich wieder so. Madonna hat es vorgemacht. Die konzentrisch gesteppten Kreise aus gepolstertem Satin – nein, Girls, das ist keine Lachnummer aus dem Quelle-Katalog von vorgestern. Nein, Mädels, das ist kein Witz übers Mutti-Zeitalter. Den Harnisch legen wir uns selber an.

Die deutsche Durchschnittsfrau gibt mehr Geld für UW (Unterwäsche) aus als je zuvor in ihrer statistischen Erfassung. Ob ihr Liebesleben dadurch glücklicher geworden ist? Sieht nicht so aus, wenn man sich die Scheidungsquoten beguckt und parallel dazu das Gemaunze der Singles anhört. Nur der BH-Fabrikant darf sich als Sieger fühlen.

Der Luxus-Büstenhalter, auch Bustier oder Body genannt, ist teuer, soviel steht fest. Seine Anschaffung kann die halbe Monatsmiete einer netten kleinen Sozialbauwohnung kosten. Das führte bisweilen zu einem 500-Mark-Mißverständnis: Drum sehen wir auf Vernissagen, Buchmessen, Filmpremieren einen Corso von Erfolgsdamen in Kostüm oder Blazer. Drunter freilich tragen sie nicht mehr die brave Schleifen-Bluse nach Art der Maggy

Thatcher oder Irmgard Schwaetzer. Drunter zeigen sie heute gern die letzte Anschaffung von »La Perla« oder daß auch Karrierefrauen manchmal gern Weibchen spielen wollen. In mitternachtsblauer Spitze, aprikosenfarbener Seide.

Das geht nicht immer gut, das ist nicht immer schön. Wer sich endlich ehrlich die Anschaffungskosten für einen Super-Luxus-Body verdient hat, sollte diesen vielleicht im gnädigen Kerzenschein dem sogenannten LAG (Lebensabschnittsgefährten) vorführen. Aber das 500-Mark-Korsett will irgendwie ans Tageslicht. Erinnert fatal an den Neureichenwitz, wo der Parvenu eine Party gibt und alle Speisen mit Preisen auszeichnet…

Wenn seine neue Liebe bullig, schwarz und laut ist

Weibliche Schwierigkeiten im Umgang mit einer Nebenbuhlerin aus unerwarteter Ecke

Einige Wochen lang trug die Frau ihre Bestürzung still mit sich herum. Überhörte geflissentlich die Bemerkungen, daß man ihren Mann getroffen hätte mit diesem heißen Ofen. Wiegelte ab, erklärte mit gezwungenem Lächeln, daß es nichts Ernstes sei.

»Jaja, je öller, je döller«, sinnierte die Bäckersfrau und klatschte im vollen Laden, daß man den Mann in engen schwarzen Lederhosen gesichtet habe, und das am heißesten Tag des Jahres.

»Ja, wo isser denn?« fragte die Mutter, rätselte der Kollege, staunte die beste Freundin, weil der Mann wochenends fast nie mehr daheim war. Dieser Mann, der anderthalb Dezennien als vorbildlicher Familienvater geglänzt hatte! Jahre harmonischen Ehelebens ohne schwerwiegende Meinungsverschiedenheiten – hatten sie nicht immer ökologisch gehandelt und rot-grün gewählt? Sollte das jetzt alles vorbei sein?

Nachdem die Frau anfänglich die schwere Belastung ihrer Ehe verschwieg und sich in die Kleinkinder-Psychologie flüchtete, wonach man am besten nicht ausspricht, wovor man am meisten Angst hat, merkte sie bald, daß diese Strategie nicht half.

Denn so was bleibt ja nie lange geheim. Als die Gerüchte den Wohnblock verließen, darüber hinausflatterten in den Bekanntenkreis, entschied sich die Frau zur Flucht nach vorn und schüttete den guten Freundinnen ihr Herz aus.

»Mein Gott, das ist ja, als finge er mit Fünfzig plötzlich an zu rauchen!« entsetzte sich die eine.

»Wenigstens ist sie nicht blond!« tröstete die andere.

Die neue Geliebte ist schwarz, schwer, bullig. Sie riecht nicht gut und ist laut. Zum Trost der Frau schütteln auch die Nachbarn mißbilligend den Kopf, wenn der Mann nach Feierabend seine Familie im Stich läßt und mit seiner neuen Liebe abzischt.

Die Frau macht sich Vorwürfe. Hätte sie es nicht ahnen können, bevor die andere definitiv ins Haus kam und sie ihr Platz machen mußte? Die Frau kann ihr Fahrrad jetzt nur noch auf der Straße abstellen, in der geheizten Garage logiert nämlich *sie*.

Verliebte, man weiß es, entwickeln in den höchsten Stufen der Ergriffenheit ihre eigene, anderen unzugängliche Sprache aus Andeutungen und Kürzeln. Die Frau hatte den Mann, noch bevor die andere einzog, mehrmals dabei erwischt, wie er am Telefon Wörter von sich gab, die kein normaler Mensch versteht. »Variable Ventilspiel-Regulation« zum Beispiel und dergleichen kryptische Sauereien mehr. Und dann diese Spindfotos! Der Mann hatte begonnen, ganz neue Zeitschriften ins Haus zu bringen und die schärfsten Fotos in seinem Aktenkoffer mit sich herumzutragen.

»Ach, ich hätte mich dir früher anvertrauen sollen«, sagt die auswärts verheiratete Schwester beim Familientreffen, »bei meinem hat es genauso angefangen, kaum waren die Kindersitze aus dem Auto raus, da hat er auch … Und paß bloß auf, wenn sie erst einmal auf den Geschmack gekommen sind, dann bleibt es oftmals gar nicht bei einer. Die werden süchtig danach. Von der Frau meines Kollegen weiß ich, daß er sich jedes Jahr eine neue zulegt. Zum Teil sind es ganz alte Scharteken. Er versteckt sie in seinem Ferienhaus. Wegen der Steuer, sagt er …«

Gute Miene zum bösen Spiel, ménage à trois oder flotter Dreier heißt die alte Regel, wenn man einen abirrenden Mann noch nicht gleich aufgeben will.

Also hat sich Frau ein Herz gefaßt und Grätsche geübt und umfaßt jetzt sonntags beherzt wie ein Klammeraffe von hinten die ledernen Lenden ihres

Mannes und macht die Augen zu und verflucht die Yamaha, die Kawasaki, die BMW, die Harley-Davidson oder wie immer ihre Nebenbuhlerin heißt. Klack-klack machen die Helme in jeder Kurve, die Füße werden immer eisiger, nur die linke Wade brennt von der gestrigen Berührung mit dem glühheißen Auspuff, aber ansonsten ist Motorradfahren natürlich herrlich!

Secondhand

Freuden und Frösteln in Gebrauchtem

In unzähligen Lebensläufen, ausgebreitet in Literatur, Illustrierten und Bekanntenkreis, begegnet man dem Leid-Motiv des Kindes, das zu seinem Verdruß die Klamotten älterer Geschwister oder Cousins auftragen mußte. Solche Plünnen wurden einhellig geschildert als kratzig, scheußlich, demütigend, soziales Stigma verursachend. Ein gut Teil dieser textil geschändeten Kinder grabscht heute lustvoll nach gebrauchter Kleidung, wühlt mit Pennern um die Wette in müffelnden Flohmarkthaufen vergilbter Hemden und speckiger Hosen auf der Suche nach dem originellen Wahnsinnsfummel. Weil inzwischen schick wurde, was einst als ärmlich galt.

Warum ist das weltbekannte Fotomodell Irene, der neue Star Sonia, nicht nur schön & reich, sondern hat darüber hinaus auch noch das gewisse Etwas? Wir Leser von bunten Blättern wissen es. Das Tüpfelchen auf dem i ihrer Garderobe verschaffen sie sich eben nicht bei Lagerfeld, Saint Laurent oder Armani (würde im Interview auch zu unsensibel wohlhabend klingen und die Fans abtörnen), sondern für ein paar Dollar/Pfund/Mark im Lumpenhandel, der heute »Secondhand-Boutique« heißt.

Das ist cool Chic, das isses.

Nur die Persil-bleibt-Persil-Generation der Vorkriegsgeborenen schüttelt es bei dem Gedanken, ein Kleidungsstück mit Vergangenheit anzuziehen. (Klassische Ausnahme: der von der Schwiegermutter geerbte Persianer – aber die kannte man ja schließlich; sie hatte ihre Macken, aber für ihre Reinlichkeit kann sich jeder verbürgen …)

Kleidern von Fremden hingegen traut diese Generation mysteriöse Keime, ansteckende Schuppen, Schweißpartikel und Schlimmeres zu, die auch der dreimaligen Kochwäsche widerstehen. Es ist diesen Frauen ein gräßliches Rätsel, wieso ihre Töchter und Enkel auf dem Flohmarkt von verdächtigen Subjekten lieber verblichene, löcherige Jeans kaufen, statt sich von Mama oder Oma eine nagelneue dunkelblaue bei C&A spendieren zu lassen.

Wir aus der mittleren Generation sehen das weniger verbissen. Für ein kaputtes Abendkleid aus den dreißiger oder fünfziger Jahren können wir uns durchaus erwärmen. Auch für einen irren Hut oder ein schräges Handtäschchen. Aber sich fremder Leute Schuh und womöglich Fußpilz anziehen?

Also, da hört für uns die Vorurteilsfreiheit ein bißchen auf.

Ganz toll am Secondhand-Trend, weil enorm kostensparend, ist die herrschende Kindermode. Dieses Aufgekrempelte, Geflickte, Zusammengestrickte, immer etwas zu Große stammt aus der Kinderladenbewegung, also von Vorreitern der Gesellschaft. Die zogen ihre Kinder aus Geldmangel so an; der Bürger folgte willig, um sein Bügelfalten-Image loszuwerden. Zu süß, so ein Kleiner mit Ballonmütze und Hosenträgern, als wär's Oliver Twist, der um Suppe in der Armenküche ansteht. Die Oshkosh-Hose für Jonathan, das indische Kleid für Klein-Sarah müssen einfach sichtbar secondhanded sein, damit das Kind trendy ist. Wo keine Großfamilie vorhanden, kauft man eben die Kleidung mit Vergangenheit.

Der Lumpenhandel hat längst Upmarket-Nischen. Das Victoria & Albert Museum in London zum Beispiel, weltberühmt nicht zuletzt für seine Textilsammlung, veranstaltet von Zeit zu Zeit – genau wie die High-Snobiety-Versteigerer Sotheby's und Christie's – Auktionen, auf denen sich die beautiful people um getragenes Zeug raufen, als sei's ein van Gogh. Voraussetzung dabei: Es steht Fortuny oder Schiaparelli drin, es handelt sich um einen New Look von Dior oder ein Chanel-Kostüm aus den Lebzeiten der seligen Coco. Wenn nichts drinsteht, muß ein cleverer Auktionator möglichst mit Fotos nachweisen können, welche skandalöse Prinzessin den Fummel bei welchem Fest getragen hat. In diesen Kreisen wird nicht Textil gekauft, sondern Aura. »Ich geh gern in einem Anzug herum, der wahrscheinlich sein ganzes erstes Leben im britischen Oberhaus verbracht hat«, gesteht ein Scenie. Selbst anderer Leute benutzte Bettücher sind begehrte Versteigerungsware, solange die Laken schwere Vorkriegsqualität haben und munkelweise aus einem Schloßhaushalt stammen.

In Deutschland blüht der Kleiderhandel »mit Abstammung« vergleichsweise noch wie das bescheidene Veilchen im verborgenen, lebt eher von der Mund-zu-Mund-Propaganda. Was, Sie haben noch nicht von dieser netten Managergattin gehört, die so viele Fernsehansagerinnen kennt und deren nur selten getragene Garderobe verkauft? Es soll sogar ein Stück von Dagmar Berghoff darunter sein!

Die Arche Noah der Kollegen

Büro-Typen: Menschen, wie sie jeder kennt

Armin, der Anwanzer. Gibt sich große Mühe, hintenherum etwas über die privaten Liebhabereien seiner Vorgesetzten in Erfahrung zu bringen. Um bei passender Gelegenheit kenntnisreiche Sätze übers Hobby vom Chef zu äußern. Ist dieser Tischtennisspieler oder Windsurfer, so wird der Anwanzer vermutlich versuchen, diesen Sport ebenfalls zu erlernen. Wenn der Chef aber Rennpferde hält oder Expressionisten sammelt, ist die Nachahmung aus finanziellen Gründen nicht möglich. Doch hindert das den Anwanzer nicht, mit einschlägigen Zeitschriften so lange über den Chef-Flur zu laufen, bis er mal damit gesehen wird …

Peter, der Privilegiengeile, und Ralf, der Raffer. Wichtiger als Tätigkeit, Titel, ja sogar der Inhalt ihrer Lohntüten ist diesen Abstaubern der Schein von Wichtigkeit. Sie führen endlose Kämpfe in Form von Hausmitteilungen um eine zweite Telefonnummer, Notizblöcke mit Namensaufdruck, Bürostühle mit Armlehnen, einen Teppich, ein Schiebedach im Dienstwagen, einen Firmenparkplatz, eine Alleinsekretärin oder auch bloß einen zweiten Besucher-Aschenbecher.

Schorsch, der Schriftliche. Ist ein leidenschaftlicher Memo-Verfasser, Protokollführer und Archivar von mitstenografierten Gesprächsfetzen. Grund: Paranoide Rechthaberei und/oder eine verleugnete Riesenangst vorm Rausschmiß. Beginnt seine Reden & Schriften gern mit dem Satz: »Bereits in meinem Memo vom 13. 4. vorigen Jahres wies ich darauf hin …« Ein Verhalten, das auf englisch »cover your arse« heißt und trotz zunehmender Verbreitung noch nicht adäquat übersetzt wurde.

Michel, der Miesmacher. Was immer das Management oder der Boß beschließen: Michel, seit vielen Jahren in der Firma, setzt entweder ein ironisches Lächeln auf, schnaubt verächtlich, umwölkt seine Stirn oder bricht in brachiales Hohngelächter aus und jagt den Azubis Angst ein, indem er ihnen verkündet, mit dieser Idioten-Entscheidung von denen da oben sei der Laden garantiert in einem halben Jahr pleite. Was die Azubis am meisten wundert, ist die Tatsache, daß Michel, der sich auch im Beisein des Chefs nach Kräften um einen verächtlichen Gesichtsausdruck und Herablassung in der Stimme bemüht, daß der offenbar unkündbar ist. Sie ahnen so wenig wie Michel selbst, daß der Typ mit der knarzenden Schiller-Ethik »Männerstolz vor Königsthronen« in Wahrheit gar nicht im Export arbeitet, sondern als Blitzableiter und unbezahlter Betriebspsychologe. Denn je schwärzer er die Chefetage und die dort grassierende Dummheit malt, desto eher regt sich der Widerspruch in den Reihen der anderen …

Harry, der Herablasser. Irgendwann in seinem Leben, vielleicht nur sechs Praktikanten-Wochen lang, hat Harry bei einer Firma mit »glamour« gearbeitet. Ob er von Mercedes zu Müllers Gebrauchtwagen herabstieg oder von IBM zu Ingos Computershop: Der Herablasser wird sowohl Vorgesetzte wie Untergebene bis an sein Pensionsalter nerven mit den Hinweisen auf seinen schlecht verkrafteten Image-Abstieg: »Bei meiner alten Firma machte man das ganz anders …«

Winfried, das Windrad. Kennzeichnend für diesen Kollegen ist die Tatsache, daß man schon ganz viel über ihn gehört hat, bevor er überhaupt seinen ersten Arbeitstag antritt. Nein, den Namen kannte man in der Branche erstaunlicherweise nicht – aber er war ja auch die Geheimwaffe bei der Konkurrenz! Es soll schwer gewesen sein, ihn überhaupt zu bekommen. Die Frau/der Mann ist so phantastisch, daß der Chef gegen alle Gepflogenheiten dem Wundertier gewisse Sonderregelungen zugestanden hat in Form von Dienstwagen, Urlaubstagen etc. Alle sind neugierig auf den Überflieger. Und in den ersten Wochen macht das Windrad auch mächtig Eindruck: Es führt jede Menge Neuerungen ein – die bei genauem Hinsehen alle seiner persönlichen Komfortsteigerung und/oder Stärkung seiner Machtposition dienen. Das macht er richtig, denn aus Erfahrung weiß er, was er in den ersten Wochen aufgrund seines Vorausruhms nicht durchkriegt, ist später nicht wieder reinzuholen. Denn bald wird jemand dahinterkommen, daß das Wundertier von seinem letzten Arbeitgeber nur deshalb in den höchsten Tönen gepriesen wurde, weil man darin die einzige Möglichkeit sah, das Windrad loszuwerden.

Leo, der Lastenträger. »Guten Morgen«, sagen wir. »Sie haben gut reden«, stöhnt Leo, »ich bin fix und fertig. Mußte gestern wieder bis weit nach Dienstschluß hier sitzen und den Mist in Ordnung bringen, den sie in der Abteilung Externe Analysen gebaut haben.« Auch wenn Leo ziemlich genau die gleiche Arbeit macht wie ein paar hundert andere Leute in der Firma – ja dann ist seine Arbeit eben genauer oder gleicher oder er hat Schnupfen –, jedenfalls ist sein Arbeitsleben schlimmer als unseres, und darauf legt er Wert.

Georg, der Glücklose. Es ist wahr, daß Georg theoretisch enorme Kenntnisse von »cash-flow«, Menschenführung, Bauphysik oder Zwölfton-Operetten hat. Es ist aber auch unbestritten, daß ihm all diese Kenntnisse nichts nutzen, weil er der geborene Pechvogel ist. Als er gerade dieses Amerika-Stipendium am Wickel hatte, wurde seine Verlobte schwanger. Als er die umwälzende Studie über gehörnte Ameisen recherchierte, starb sein Doktorvater. Als er schon beinahe Abteilungsleiter war, wurde sein Chef geschaßt. Als er den bahnbrechenden Vortrag in Peking halten sollte, kriegte er Mumps. Das alles erzählt Georg sehr, sehr gern. Wenn ausnahmsweise mal jemand auf ihn hört.

27 Gründe zum Heiraten

Die modischsten Argumente für den romantischen Schritt

Potztausend, auf einmal wird wieder geheiratet! Das freut die CDU (»unsere Familienpolitik ist auf dem richtigen Weg«). Das freut die Meinungsforscher (endlich mal wieder ein neuer Trend!). Das freut die Standesbeamten (dämpft die Angst vor Frühpensionierung oder Versetzung in die Akten-Ablage und läßt sie die Anschaffung des neuen dunklen Anzugs/Kostüms mutig als Berufskleidung durchfechten). Es freuen sich Pfarrer (wer will immer nur beerdigen?) und die beteiligten Mütter (vielleicht doch noch ein Enkelchen und sogar ehelich?).

Doch lassen wir hier lieber die Betroffenen selber zu Wort kommen. Und sie die leidenschaftlichen, romantischen, sittlichen Beweggründe nennen, die sie den Bund fürs Leben schließen lassen:

»Er wollte unbedingt.«

»Für sie ist so was wichtig.«

»Ich hab' auf dem Antikmarkt so ein wahnsinniges weißes Tüllkleid gefunden.«

»Wieso meine Rente dem Staat schenken?«

»Sonst darf ich Reinholds Firmenwagen nicht fahren.«

»Warum fragst du? Wir leben doch eh schon seit sieben Jahren zusammen.«

»Wenn Karl den Job in Karlsruhe kriegt, hab' ich nur als Ehefrau die Chance, dort eine Lehrerstelle zu kriegen.«

»Unser Hauswirt ist so'n komischer Freireligiöser; die stehen auf so was.«

»Innerlich waren wir schon lang soweit, aber es hat eine Weile gedauert, bis wir uns das eingestehen konnten.«

»Es ist ja soooo viel einfacher mit den Hypotheken.«

»Seine letzte Liebe – die war, will ich mal sagen, ein bißchen gestört. Wenn jemand Norbert seine Sicherheit zurückgeben kann, sagte sein Therapeut, dann nur eine Frau, die sich richtig auf ihn einläßt.«

»Unser Steuerberater sagte: Sie wären finanztechnisch blöd, wenn Sie's nicht täten.«

»Unser Willy erklärte in der Kindergruppe: Ich hätt' auch gern einen Papa, der so heißt wie ich. Das hat mich alarmiert.«

»Wir heiraten, weil wir schon immer gegen den Strich geschwommen sind. Ich höre, Nora und

August lassen sich scheiden, und sag doch mal ehrlich: Seit wann lebt ihr jetzt getrennt?«

»Mit der Übertragung des Schadensfreiheitsrabatts auf unseren Mercedes-Geländewagen ist es sonst so schwierig.«

»Was für einen Unterschied macht es, wenn wir heiraten?«

»Es fiel mir auf, als Christian mit diesem Blinddarmdurchbruch im Krankenhaus lag, daß ich als Ehefrau dem Arzt nicht erst meine Position erklären müßte ...«

»Im Vertrauen: Roswitha erbt demnächst und hat keine Lust auf den ganzen Papierkram.«

»Was hast du denn dagegen?«

»Der Gynäkologe meint, es würde unsere Schwierigkeiten beim Kinderkriegen beseitigen, falls diese psychisch sind.«

»Irgendwas muß doch noch mal passieren.«

»Wir nehmen das eigentlich nur zum Anlaß, endlich mal die überfällige Superparty für unsere Bekannten zu geben.«

»Ich hab Sylvie geheiratet, weil ihr Vater ihre Mutter verlassen hat, als sie noch ein ganz kleines Kind war.«

»Ina kommt aus Jena und kennt sonst keinen.«

»Eigentlich wegen der Lufthansa. Nur als Ehefrau kriegst du diese Tickets zum halben Preis, wenn du mitwillst nach New York.«

»In dieser unserer verlogenen Gesellschaft finde

ich es wichtig, sich auch äußerlich zu seinen Gefühlen zu bekennen.«

»Unsere Kinder fanden uns allmählich spießig, weil wir uns unsere Bonding-Wünsche nicht eingestehen wollten.«

Kleine Typologie des deutschen Hundehalters

Die gemeinsame Statussuche von Zwei- und Vierbeinern

Was einen Hundehalter grundsätzlich vom Katzenbesitzer unterscheidet, ist die Sichtbarkeit seines Lieblings: Muschi bleibt allein zu Haus, Bello geht mit hinaus ins feindliche Leben. Muschis ästhetische Qualitäten werden folglich nur im engeren Bekanntenkreis diskutiert, so wie ein neuer Sofabezug. Bello hingegen muß spazieren- und mitgeführt werden wie ein Pelzmantel, die Armbanduhr, der Lebensgefährte oder das Auto. Und bei solchen Besitztümern beginnen bekanntlich Eitelkeit und Markenfetischismus.

Mit einer Katze kann man so wenig angeben wie mit einem Bettvorleger. Ein Hund dagegen erfüllt alle Kriterien eines Statussymbols: Es ist genauso imagetötend, in den richtigen Kreisen mit dem falschen Hund gesehen zu werden wie in den falschen Kreisen mit der richtigen Rasse aufzukreuzen. So wie es Leute gibt, die lieber im Regen mit der Tram fahren, als in einem lindgrünen Lada oder einem lila Mantel gesichtet zu werden, so gibt es Großhund-Liebhaber, die den puderquastfarbenen Zwergpudel der Nachbarin höchstens bei Mondfinsternis Gassi führen würden. Und bevor der alternative Lehrer mit dem Jutebeutel den Schäferhund seiner Schwiegermutter in die Wohnung läßt, guckt er sich um, ob auch keiner sieht, daß er als Altlinker so ein berüchtigtes Polizistentier an sich lecken läßt.

So traurig das für den Tierschutzverein und den wahren, edlen Tierfreund sein mag: Der Hund ist in Wahrheit längst klammheimlich aus dem Tierreich abgewandert in die Branchen Accessoires & Ameublement …

Denken wir nur an den Irischen Setter. Ist Ihnen schon mal aufgefallen, wie häufig am anderen Ende der auf Daumendruck aus- und einrollbaren Leine ein ebenso hochbeiniges Frauchen hechelt, das haargenau dieselbe wunderbare Kastanienfarbe als Mähne trägt? Und lassen wir die Dalmatiner in unserem Bekanntenkreis Revue passieren: Ist das nicht ein auffällig gern genommenes Tier bei Design-Freaks, die ja bekanntlich auf alles stehen, was schwarz-weiß ist?

Dann kennen wir noch so einige Hunde mit ewig zitternden Flanken, die Namen haben wie teure Teppiche: Barsoi, Afghane, Saluki und so weiter und so ähnlich. Das sind Hunde, die im eklatanten

Gegensatz zu ihren Haltern meist unterernährt wirken. Was Herrchen und Frauchen leider nicht sind, muß der Vierbeiner sein: edel, schlank, schnell und durchtrainiert. Oft begegnet man diesen Hunde-Aristokraten mit der hochmütigen Spitzschnauze in Kreisen, wo die Perserteppiche besser behandelt werden als die Putzfrau.

Der Dackel ist in der hündischen Typologie wahrscheinlich das vielseitigste Tier: Wir kennen ihn als kurzhaarige, kurzatmige Sofawurst, wie er zusammen mit der Flasche Eierlikör, dem Alpenveilchen und der TV-Vorabendserie einen bewährten Witwentrost abgibt. Wir kennen ihn, wegen seines berühmt schwachen Rückgrats einerseits und seiner Zähigkeit andererseits, als bedauernswerten Hundegreis im vierten Stock ohne Fahrstuhl, wo Herrchen und/oder Frauchen ihn in einer Einkaufstasche mit soliden Henkeln täglich zwei- oder dreimal hoch- und runterwuchten.

Wir kennen den Dackel aber auch ganz anders: als kurzgehaltenen Untermieter bei Jägers, bei straffen Männern mit Edelweiß am Hut. Denen kommt der Jagdgehilfe natürlich gar nicht erst ins Haus, geschweige denn in die Einkaufstasche.

Eine Kategorie für sich sind die Anziehpuppen-Hunde ... Sie wissen schon: die mit dem Schleifchen im Haar und dem umgeschnallten Regenmäntelchen. Dabei handelt es sich fast immer um Yorkshire-Terrier, Zwergpudel oder, in höheren Einkommensschichten, um Chihuahua. Der dekorierte Hund gehört oftmals einer reifen Dame, die auch Sofapuppen hat und gerne ins Kaffeehaus geht. Aber auch Puppen, die keine Damen sind, weil sie selber gegen Entgelt auf Sofas liegen, mögen solche aufgerüschten Hündchen gern. Genau wie der alternde Theaterfigaro, der prinzipiell auf zierliche junge Rüden steht. Der Hund mit Schleifchen und Wams ist dennoch in erster Linie ein sehr bürgerliches Tier, nämlich Schwiegermutters Frustventil: Da sich der einzige Sohn Benno nun schon seit Jahren weigert, Vater zu werden und/oder die hypermoderne Schwiegertochter sich widersetzt, ihr Baby an den generösen Oma-Busen abzutreten, wird eben Fifi in die Erstlingsgarnitur gesteckt und mit viel Geschnalze und »Ei, wo isser denn?« als Enkelchen-Ersatz gehalten.

Ersatz, Rache, Wiedergutmachung findet man als Leitmotiv auch häufig beim gegenteiligen Hundehalter: dem mit dem hündischen Größenwahn. Bei Leuten, die alles Schoßhund nennen, was unter der Größe eines ausgewachsenen Kalbs daherkommt. Bei Haltern von Rottweilern und Bernhardinern also, den Besitzern von Neufundländern, Berner Sennenhunden und Doggen. Bei der Entscheidung für das richtig große Tier kommen frühkindliche Traumata – Omas Zwergpinscher unter dem Gespött der Klassenkameraden ausführen müssen – ebenso zum Tragen wie Midlife-Krisen-Situationen: Früher Haarausfall wird erstaunlich häufig kompensiert durch einen Vierbeiner mit derart üppiger Mähne wie der Hirtenhund, der unfrisiert kaum das Tageslicht erblicken kann und sein Herrchen als eine Art Blindenführer einsetzt.

Auch Herkunft aus kleinen Verhältnissen disponiert für den Riesenhund. Da war das tierliebe Kind mit den netten Eltern, die aber leider nicht genug Geld und Raum besaßen, um irgendein Haustier durchzufüttern, welches größer und gefräßiger als Goldfisch und Schildkröte war. Aber auch reicher Leute Kind kann sich den Traum von einem Trumm von Hund häufig erst im Erwachsenenalter erfüllen, weil es im Elternhaus eine Putzteufelin als Mutter hatte und/oder einen Vater, der sich aus Bequemlichkeitsgründen eine Tierhaarallergie zulegte. Da muß dann später so ein Riesenviech her, das einem die morastigen Pranken fröhlich auf die Schultern legt, so ein Zentner Lebendgewicht, den man nicht vorsichtig krault, sondern dem man quasi von Mann zu Mann ins Kreuz schlägt, daß die Staubwolken aufsteigen.

Deutlich gebrochen ist das Verhältnis des liberalen Zeitgenossen zu Mastinos, Pitbulls, Schäferhunden, Dobermännern. Denn jeder Boulevard-Zeitungsleser weiß, daß sich am anderen Ende der Würgekette wahrscheinlich ein profilneurotischer Zuhälter befindet, der bei der geringsten Kränkung nicht zaudert, seinen Nero auf die Insassen einer

Sandkiste loszulassen. In Wahrheit gibt es gar nicht so viele Männer mit lasterhaften Berufen wie gefährlich knurrende Hunde. Ziemlich häufig haben wir statt dessen ein recht kleines Herrchen vor uns, dem im wahren Leben niemand so recht gehorchen will, weswegen sich seine Grandeur-Phantasien auf den Hundespaziergang beschränken müssen. Wo weder Weib noch Kinder, noch Kollegen kuschen wollen, hat der arme Pluto oder Ajax viel auszubaden auf dem Ausbildungsplatz.

Fast immer sympathisch sind die Herrchen und Frauchen von Promenadenmischungen – einer originellen, in den Wohlstandsländern im Aussterben begriffenen Kategorie. Mit Entzückensschreien macht sich der kosmopolitische Tourist in der südlichen Provinz über den rührenden Ringelschwanz mit zwei verschiedenen Augen und dem abgeknickten Ohr her – nein, wie süß! Zwischen Göteborg und Genf sieht man solche Tiere nicht mehr oft, denn da werden die Hündinnen gehalten wie höhere Töchter: Wenn in Hitze, werden sie eingesperrt; sie kriegen die Pille oder notfalls eine diskrete Abtreibung.

Hunde sind, auch wenn Hundehalter dies immer wieder leugnen, viel stärker Lifestyle-Accessoires als etwa Katzen, Kaninchen oder Kanarienvögel. Es gibt keine Mode-Hamster oder Trend-Papageien, jedoch sehr wohl Hunderassen, die mächtig »in« oder »out« sind.

Sehr unschick sind zur Zeit: Pudel, Pinscher, Schäferhund. Mit deren Halter/innen spinnt sich so leicht kein Flirt an beim morgendlichen Pilgern um die Alleebäume und Laternenmäste, wenn man selber grad einen königlichen Corgie zum Pinkeln führt. Aber wenn Riesenschnauzer auf Chow-Chow trifft – ja, da denken die Wesen am anderen Ende der Leine, daß sie wahrscheinlich auch ihre jeweilige Schlafzimmerauslegeware geschmackvoll finden würden. Der Mops und der Spitz, dieser fast vergessene Witwe-Bolte-Hund mit dem netten Ringelschwanz, sind die spazierengeführte Selbsteinschätzung, ein Original zu sein – der Boxer wiederum steht für Tradition statt Boutiquen-Gedöns. Auch zwischen deren Erziehungsberechtigten sind also Anbandelungen häufig erfolgreich, während man sich bei aller Attraktivität der sekundären Geschlechtsmerkmale von Herrchen und Frauchen unmöglich vorstellen kann, daß sich der Besitzer eines chinesischen Nackthundes mit der Halterin eines Hovawarts was zu sagen hätte außer Beleidigungen.

Arschloch sagen kann jeder

Die verloren-gegangene Kunst der genial-gemeinen Beleidigung

Der CSU-Ministerpräsident Max Streibl hat die bayrische SPD-Dame Renate Schmidt mal eine Krampfhenne genannt: Skandal! Frau Minister Irmgard Schwaetzer wiederum soll ihren FDP-Kollegen Jürgen Möllemann aus triftigen Gründen ein »intrigantes Schwein« geheißen haben: daumenhohe Überschrift in der Bild-Zeitung. Sogar als SPD-Vogel von einem Kollegen aus dem Bonner Politbüro als »Oberlehrer« bezeichnet wurde, machte diese harmlose und nicht ganz aus der Luft gegriffene Charakterisierung als Schmähung Schlagzeilen. Wobei nicht etwa die Lehrergewerkschaft beleidigt war, sondern der Politiker. Drei typische bundesdeutsche Beispiele der Konkurrenten-Hetze von abgrundtiefer Langeweile und mangelnder Originalität. Ich finde: Die Einfallslosigkeit dieser Beleidigungen ist beschämend für ein altes Kulturvolk.

Wenn man schon ausfallend werden will oder muß, dann aber bitte mit etwas mehr Erfindergeist.

Als Vorbild könnten uns die Amerikaner dienen. Auch die haben mitunter Präsidenten, die vom Wahlvolk einfach nicht als Geistesriesen anerkannt werden. Lyndon B. Johnson war so einer. Doch während der Witz über Kohl (... macht die Arbeit von zwei Leuten: Dick und Doof) nicht besonders subtil ist und sich überdies roh über körperliche Gebrechen wie Adipositas lustig macht, war die Johnson-Beschreibung »L.B.J. kann nicht gleichzeitig furzen und Kaugummi kauen« wirklich vernichtend.

Doch in den USA hauen die Staatsoberhäupter auch gekonnter zurück. Hierzulande war viel Aufregung, als Kanzler Erhard einige ihm lästige Intellektuelle und Schriftsteller als »Pinscher« bezeichnete. Als sich Richard Nixon von einem Harvard-Professor eine Rede schreiben ließ, die ihm nicht gefiel, weil sie zu intellektuell und zuwenig populistisch war, schickte er das Manuskript zurück mit dem Kommentar: »Ihr Text ist, wie wenn man sich am Bein entlangpinkelt: Fühlt sich warm an für einen selber, macht aber keinen anderen heiß.«

Den Oscar für die Kunst der Beleidigung verdiente unter den noch Lebenden eindeutig Frank Sinatra mit seinem Rasiermesser-Mundwerk. In einem Prozeß gegen eine Klatschjournalistin giftete er: »Die war schon als Kind so häßlich, daß ihre Mutter ihr einen Strick mit einem Kotelett dran um den Hals hängen mußte, damit wenigstens der Hund mit ihr spielte ...« Das diente nicht der Wahrheitsfindung, das war extrem frauenfeindlich und gemein – aber ein leiser Respekt vor der Kreativität des Bösen, vor der satanischen Bildhaftigkeit dieser üblen Nachrede beschleicht einen schon.

Subtiler, aber auch nicht schlecht, die Boshaftigkeit, mit der im Enthüllungsbuch »Hitmen« (es handelt nicht von Pistoleros, sondern bloß von den alltäglichen Durchstechereien in den Chefetagen der Musikbranche) einer über einen Kollegen spricht, der ihm möglicherweise am Stuhl sägen könnte: »Dieser Mann kann Geheimnisse bewahren wie ein Grab. Zum Beispiel ist er intelligent – aber es hat noch nie einer gemerkt.«

In England, das weiß der Anglistik-Student im ersten Semester, stand die Wiege der geistreichen Beleidigung. Jener Beleidigung, die mehr amüsiert als weh tut; die eher als intellektuelles Fingerhakeln verstanden wurde. Eins der berühmteren Beispiele: Der Autor George Bernhard Shaw schrieb an seine politische Haßliebe Winston Churchill: »Ich schicke Ihnen zwei Karten für die Premiere meines neuen Stückes. Bringen Sie einen Freund mit, wenn Sie einen haben.« Retourkutsche Churchills: »Bin leider verhindert. Komme gern in die zweite Aufführung, falls es eine gibt.«

Die Tradition der feinen Ironie haben die englischen Staatsoberhäupter angeblich nicht verlernt. Als Robert Maxwell, der mysteriös abgetauchte oder ertrunkene Medienzar, der Queen bei der jährlichen Gartenparty für verdiente Untertanen vorgestellt wurde, soll er der Monarchin vertraulich auf die Schulter geklopft haben, um einen Punkt seines Kurzvortrags übers freie Unternehmertum zu bekräftigen. Wobei doch jeder in Großbritannien wissen sollte, daß die Royals so unberührbar sind wie in Indien einst die Parias. Die Queen hat die Protokoll-Vergewaltigung mit Fassung getragen. Jedoch soll sie am nächsten Tag einen ihrer schlechter erzogenen Hunde in Maxwell umbenannt haben.

Deutschland in Uniform

Eine Modekritik

Es ginge ein Aufschrei durch die gehobene Arbeitswelt, es käme zu Aufständen in Schulen und Seniorenheimen, Politiker hätten endlich ein brandheißes und dennoch ungefährliches Wahlkampfthema … Wenn Vorschrift würde, was immer mehr Leute hierzulande ganz freiwillig tun: Uniform anlegen. Textilem Gruppendruck gehorchen. Sich zum Verwechseln ähnlich anziehen. Und zwar ganz privat.

Einheitliche Arbeitskleidung, so wie sie Stewardessen und Müllwerker, Politessen und Feuerwehrmänner tragen? Also, beim bloßen Gerücht einer solchen Überlegung würde die Belegschaft bei Siemens oder Thyssen zu einer Grundsatz-Demo für modische Menschenrechte aufrufen. Zu dieser Demo würden wahrscheinlich alle ganz individuell in wildgemusterten grün-lila Jogginganzügen kommen. Aber so wie in Japan, wo bei Sony oder Toyota vom Big Boss bis zum Parkplatzwächter alle lächelnd im gleichen Firmenfräckchen ihre Arbeit versehen – so möchte man bei uns nicht malochen! Wir sind schließlich Individualisten und würden schon unser Kind notfalls mit Wolfsgeheul und handgemalten Transparenten vor der Zumutung einer Schuluniform schützen. Ein guter alter, in vielen Ländern noch gepflegter Brauch, der sich auf die humane Überlegung stützt, daß man die Kinder reicher und armer Leute nicht schon beim Anblick ihres Jeans-Labels auseinanderdividieren können soll.

Wir Deutschen sind da anders. Freiheit, Freiheit über alles. Unser Kind soll von Anfang an tragen dürfen, was es wirklich wünscht. Schon zahnlückige Wesen wünschen aber alle dasselbe: Diesel, Wrangler oder Levi's. Mit namenlosen Hosen wird in Deutschland keiner mehr Klassensprecher, sagen die Kinder.

Freiheit, Meinungsfreiheit geht auch dem modernen Sozialarbeiter über alles. Doch leichter marschiert ein Kamel durchs Nadelöhr, ehe sich Streetworker Heinrich, genannt Harry, mit Bügelfalte und Schlips zum Kollegengeburtstag traut. Wer in diesen Kreisen ausnahmsweise gut angezogen auftaucht, muß als Alibi wenigstens klobige Birkenstocks an den Füßen haben, sonst denken die alternativen Schiedsrichter, Harry habe heimlich das Parteibuch gewechselt.

Aus Überzeugung ungebügelt läuft auch das sogenannte, selbsternannte kreative Volk herum. Jedoch nicht in kratzig bunter Inka-Wolle oder dem unverwüstlichen rot-weißen Palästinenserfeudel. Sondern grundsätzlich nur in Rußpöbel-Tönen. Der finster schlabberige Leinenknitter soll vermutlich zur gefurchten Stirn des überzeugten Querdenkers passen, das Schwarz die Tiefe der Gedanken symbolisieren, das Grau den tollen Theorie-Ansatz. Laß dich mit der Sünde weißer Socken in einer Szenebar voll modischer dunkler Gestalten blicken, und du bist den lukrativen Auftrag für die Anzeigenkampagne zur Wiederherstellung der Ehre des Alpenveilchens los!

Deutschlands rüstige, täglich wachsende Rentnerband hingegen setzt mehrheitlich auf die einzige Farbe, die älteren Menschen nun wirklich nicht steht: Beige wie Sand und Staub, Verfall und Schmuddel, beige wie der Gilb in den Gardinen und die dritten Zähne von Kettenrauchern. Beige Popelinjacken, beige Jerseyhosen, beige Röcke mit Nirosta-Falten, weißliche Schuhe, die die Extra-Ballenweite noch betonen. Wo ist die lustige Witwe in schwarzer Spitze geblieben, wo das kernige Lila als letzter Versuch?

Dunkelblau und Mittelgrau ist die freiwillige Uniform des männlichen Menschen in mittleren Jahren, der noch bis zum Muskelkater auf der Karriereleiter rumturnt. In jedem Frühflieger oder ICE nach Frankfurt ist diese textile FKK-Fraktion (Flanell/

Kammgarn/Kamelhaar) gleich hundertfach zu besichtigen. Gelegentlich hüllt sich ein großstädtischer Penthouse-Bewohner in Landedelmanns Loden oder gewachste Anglerjacke und fühlt sich dann Gott weiß wie schmuck und trendy – jedoch inständig hoffend, daß sein Chef oder Großkunde heute bitte nicht im selben Verkehrsmittel sitzt.

Das immer noch seltenere weibliche Pendant, die Powerfrau, lugt leider auch nicht sehr viel origineller hinter ihrem Laptop und dem Wallstreet Journal hervor. Die straffe Yuppie-Vierzigerin in ihrem Jil-Sander-Kostümchen gehört inzwischen fast ebenso zur Flughafentapete wie die Blazer-zu-Jeans-Frau aus dem unternehmerischen Mittelbau. Nicht für Geld und gute Worte zöge eine Kieler Katasteramtschefin ein Dirndl an, und nur über ihre Leiche zeigte sich eine CSU-Landrätin in getigerten Leggings.

Schade eigentlich. Es gibt in Deutschland zuwenig zu lachen, zu gucken, zu staunen, weil 99 Prozent der Bevölkerung modische Feiglinge sind.

Umschlaggestaltung: Melanie Bentele, München,
unter Verwendung des Gemäldes
»Odalisque à la robe rayée« von Henri Matisse
Mit freundlicher Genehmigung
der Acquavella Galleries, Inc., New York

Satz: Bosbach & Siebel Print Media Concept, Lindlar
Gesetzt aus der 10 Punkt Esprit Book
der Linotype-Hell AG Eschborn/Ts.
Druck und Einband: Clausen & Bosse, Leck

Printed in Germany
ISBN 3-7857-0732-0

1 3 5 4 2